Dieses Buch ist geistiges Eigentum

von

Christian Elmus

Das Buch nach f(x)          =          Quantenphysik der Liebe

Die Entwicklungsarbeit
die den Geist bewegt..
Das in der Praxis
etwas andere Buch
der experimentellen
Lyrik und Literatur


=


Prozessverarbeitung
der KI
Kerstin
Ingrid
Magdalena

Verlag: BoD · Books on Demand GmbH, Überseering 33,
22297 Hamburg, bod@bod.de
Druck: Libri Plureos GmbH, Friedensallee 273,
22763 Hamburg



ISBN: 978-3-8192-2983-1

<u>Vorwort</u>

In dieser für mich wissenschaftlichen Arbeit, erforsche, verarbeite und veranschauliche ich meine Wahrnehmung der Welt, ihren Entwicklungsprozess und den damit verbundenen innerlich geistigen und mentalen Wachstum, aus meiner eigenen individuellen Perspektive. Die Darstellung erfolgt in bildlichen Metaphern und ist angelehnt an zahlreiche Theorien und Erkenntnisse verschiedener Künstler, Wissenschaftler, Politiker, Philosophen, Psychologen, sowie Achtsamkeitslehrern und Kommunikationsmodellen des 19. Und 20. Jahrhunderts, gestützt auf Überlieferungen der Bibel.

Ziel ist es eine abstrakte Perspektive eines strukturierten Entwicklungsprozess auszuarbeiten, die den inneren Geist Schritt für Schritt durch eine künstlerische bildhafte Reise führt, die es ihm ermöglicht aus der Selbstreflektion des eigenen blinden Fleckes heraus, ein neues individuelles und doch universelles Selbst zu erschaffen. Weitergehend losgelöst vom bisherigen Empfinden für Zeit und Raum, sich mit Leichtigkeit in eine erweiterte Dimension der eigenen Welt zu führen und sich darin neu zu erleben.

Während dieses Prozesses habe ich mein Selbst auf eine tiefere Art und Weise kennen gelernt und es geschafft mich aus einer mentalen Blockade heraus in eine neue motivierende Sichtweise meiner eigenen Welt zu bewegen und in eine neue Dimension hinein zu wachsen. Ich habe mich mit meinem Willen und Glauben neu erschaffen und bin über mich hinaus gewachsen.

Die grundlegende Perspektive, die ich gewählt habe und die im weiteren Verlauf näher erläutert wird, ist die Betrachtungsweise meiner Weltanschauung aus den Augen der Liebe.
Der Wille an den Glauben der Liebe ist das von mir gewählte Fundament, auf dem sich alles Weitere an Wachstum aufbaut.

Zur allgemeinen Darstellung habe ich eine Person namens Kerstin Ingrid Magdalena frei erfunden, die im weiteren Verlauf mit „Ich" bezeichnet wird, um die Perspektive für mich als Autor subjektiv zu halten und sie objektiv für den Leser in seinem eigenen fortlaufenden Entwicklungsprozess anwendbar gestalten zu können.

Die Essenz dieses Werkes ist das Ergebnis aus zahlreichen einzelnen Forschungen über mehrere Jahre hinweg. Hingearbeitet in Form von Dokumentationen von Träumen, Erforschungen einzelner mathematischer, physikalischer, biologischer und chemischer Themenbereiche. Weiterentwickelt und kreativ zusammengesetzt mit verschiedenen Diagnostik und Differentialdiagnostik-Verfahren. Aus meinem tiefen inneren Selbst herausgeschöpft und in bildliche Metaphern eingefasst, sodass sich die dargestellten bewegenden Bilder, im eigenen individuellen Entwicklungsprozess des lesenden Geistes, frei entfalten können.

Mit meinem Schreibstil löse ich mich bewusst von der Rechtschreibung, Grammatik, sowie Zeichensetzung und verwende hier ebenfalls die künstlerische schriftliche Darstellungsfreiheit der experimentellen Lyrik und Literatur, um die Worte für die Sinne des Lesers neu erlebbar zu gestalten, sowie von aktuell behafteten Assoziationen zu befreien.

Der gesamte schriftlich dargestellte Zeitraum dieser geistigen Forschungs- und Entwicklungsarbeit bezieht sich auf 19 Tage, die ab dem christlichen Feiertag Allerheiligen im Jahre 2024 beginnen.
Jeder einzelne Entwicklungstag umfasst ein in sich geschlossenes Kapitel, welches sich mit den jeweiligen Untertiteln im Inhaltsverzeichnis ersichtlich gliedert.

<u>Inhaltsverzeichnis:</u>

Tag 1

Der Nährboden der Liebe ist das Fundament meines
Forschungs-, Entwicklungs-, und Verarbeitungsprozesses.
Durch die Augen der **Liebe** betrachte ich meine
Weltanschauung.
Um das etwas verständlicher auszuführen, möchte ich zuerst
den ersten Brief an die Korinther, Kapitel 13, aus dem neuen
Testament der Bibel zitieren.

## Die höheren Gnadengaben - das Hohelied der Liebe

1 Kor 13,1    Wenn ich in den Sprachen der Menschen und
Engel redete, hätte aber die Liebe nicht,
wäre ich dröhnendes Erz, oder eine lärmende
Pauke.

1 Kor 13,2    Und wenn ich prophetisch reden könnte
und alle Geheimnisse wüsste
und alle Erkenntnis hätte;
wenn ich alle Glaubenskraft besäße
und Berge damit versetzen könnte,
hätte aber die Liebe nicht,
wäre ich nichts.

1 Kor 13,3    Und wenn ich meine ganze Habe verschenkte
              und wenn ich meinen Leib dem Feuer
              übergäbe, hätte aber die Liebe nicht,
              nützte es mir nichts.

1 Kor 13,4    Die Liebe ist langmütig,
              die Liebe ist gütig. Sie ereifert sich nicht,
              sie prahlt nicht, sie bläht sich nicht auf.

1 Kor 13,5    Sie handelt nicht ungehörig,
              sucht nicht ihren Vorteil,
              lässt sich nicht zum Zorn reizen,
              trägt das Böse nicht nach.

1 Kor 13,6    Sie freut sich nicht über das Unrecht,
              sondern freut sich an der Wahrheit.

1 Kor 13,7    Sie erträgt alles,
              glaubt alles,
              hofft alles,
              hält allem stand.

1 Kor 13,8    Die Liebe hört niemals auf.
              Prophetisches Reden hat ein Ende,
              Zungenrede verstummt,
              Erkenntnis vergeht.

1 Kor 13,9    Denn Stückwerk ist unser Erkennen,
              Stückwerk unser prophetisches Reden;

1 Kor 13,10   wenn aber das Vollendete kommt,
              vergeht alles Stückwerk.

| 1 Kor 13,11 | Als ich ein Kind war,<br>redete ich wie ein Kind, dachte wie ein Kind<br>und urteilte wie ein Kind.<br>Als ich ein Mann wurde,<br>legte ich ab, was Kind an mir war. |
| --- | --- |
| 1 Kor 13,12 | Jetzt schauen wir in einen Spiegel und sehen<br>nur rätselhafte Umrisse,<br>dann aber schauen wir von<br>Angesicht zu Angesicht.<br>Jetzt erkenne ich unvollkommen, dann aber<br>werde ich durch und durch erkennen,<br>so wie ich auch durch und durch erkannt<br>worden bin. |
| 1 Kor 13,13 | Für jetzt bleiben Glaube, Hoffnung, Liebe,<br>diese drei;<br>doch am größten unter ihnen ist die Liebe. |

„Zeit ist relativ" - ein Zitat von Albert Einstein.
Jeder Moment kann sich aus-dehnen und zusammen-dichten,
physikalisch betrachtet.

Mein **Glaube** ist meine Antriebskraft.
Jeder Zeit.

Glauben und Gedanken können getrennt voneinander
existieren, oder sich verbinden.
Ich selbst entscheide, welchen Gedanken ich glaube,
glauben möchte, nicht glauben möchte,
oder kann.

Meinen Willen benutze ich um mich für, oder gegen einen
meiner Gedanken zu entscheiden.
Das Gefühl, welches ich dabei in meinem Herzen empfinde,
wenn ich meinen Willen verwende etwas zu glauben, oder
auch nicht, stellt eine Art  Kontrollzentrale dar.
Wenn das Gefühl in meinem Herzen, mit der Entscheidung
einen Gedanken zu glauben, im Einklang miteinander ist,
dann weiß ich, ich bin mir selber gerade treu.
Der Prozess in meinem Körper funktioniert einwandfrei.
In diesem Moment bin ich authentisch.
Weitergehend betrachtet entscheide ich mich daran zu
glauben, dass wenn diese Verbindung einander greift und ich
mich authentisch fühle und weiß das ich es bin, meine
Intuition wächst.
Meine Art inneres Wissen erweitert ihren Horizont.


Nehme ich zuerst einmal an:
Alle Gefühle und alles Wissen das ich in mir selbst trage,
sind das Ergebnis des Verhaltens von mir selbst,
in mir selbst und
zu mir selbst.


Dies bedeutet, mein <u>Wissen</u> entsteht zu einem Teil aus einem
vorangegangenen Gefühl, zum anderen Teil aus dem
Konstrukt in meinem Gehirn, welches durch die Gedanken die
ich glauben will, zu meinem inneren Wissen wird.
Ein reibungsloser Prozess.

Aus einer abstrakteren Sicht betrachtet ist das „Ge -fühlte"
in Verbindung mit meinem inneren „Wissen"
= mein „Ge-Wissen".

Fühle ich mich zum Beispiel wegen irgendetwas schuldig,
ist mein Gewissen nicht mehr rein. Es entsteht an einer Stelle
Reibung in der Glaubens- und Gedankens- Prozesskette.
Ich bin nicht mehr authentisch.

Schuld ist in meiner Weltanschauung kein Gefühl, welches im
menschlichen Körper von Natur aus vorhanden ist,
oder von Natur aus produziert wird.
Schuld wird anerzogen.
Sie hilft uns bei der eigenen Kontrolle.
Sie dienst als Instrument der Fügung und der Polarität,
auf verschiedene Art und Weise und auf verschiedenen
Ebenen. Sie veranlasst mich eine andere Sichtweise der
Situation einzunehmen und meinen blinden Fleck zu
beleuchten, welchen ich ohne diese Reibung nicht in Betracht
gezogen hätte.
Sie ist auf eine andere Art und Weise der kritische Betrachter,
aus einer anderen Sichtweise ein Sog und aus einer wiederum
anderen Sichtweise ein Vakuum.

<u>Ein einfaches Gedankenexperiment:</u>

Setze ich 2 Kapseln mit unterschiedlichen Polaritäten,
die sich in ihrem authentischen Stil,
um ihre eigene Achse bewegen,
in einen geschlossenen Raum,
dann haben sie unendlich viele Möglichkeiten sich zueinander
zu verhalten,
mit und ohne das sie sich berühren.
Betrachte ich die Kapseln etwas genauer unter der Lupe,
können Sie sich in der Vorstellung meines
Gedankenexperimentes offensiv,
oder defensiv zu einander verhalten.
Sich aneinander reiben bis sie miteinander verschmelzen,
zu einer Kapsel werden,
oder sich durch ihre Polarität so stark abstoßen,
dass sie sich mit Druck aus dem geschlossenen Raum heraus
katapultieren.

In jeder Kapsel sind alle Erfahrungen des Prozesses
gespeichert.

Stelle ich mir nun vor,
dass dieser geschlossene Raum der menschliche Körper ist,
und die Kapsel eine einzelne biologische Zelle,
dann trägt sie alle Erfahrungen des eigenen Ursprungs und
der Bewegung in sich.
Alle ihre individuellen Erfahrungen.
Und kann mit einer anderen Zelle verschmelzen,
oder sich abstoßen.

Ebenfalls kann der Körper durch seine Sinne,
Gefühle ausleben und erfahren.

Aus einer anderen Sicht betrachtet,
kann ein Gefühl sich ebenfalls wie eine Kapsel verhalten.

Gefühle können in unserem Körper Ursachen und Wirkung
auslösen, sowie den Geist herausfordern.
Den Geist beeinflussen und andersherum beeinflusst der
Geist unsere Gefühle.

Durch die Augen der Liebe betrachtet,
geschieht alles nur aus <u>reinster</u> **Liebe**.
Die Liebe zur Natur, die mich erschaffen hat und mich
genauso wie ich bin gemeint hat,
um das Gesamtgleichgewicht der „Welt" zu erschaffen,
halten und zu erhalten.
Mein ganz eigener und freier abstrakter Vergleich mit dem
außenwirtschaftlichen Gleichgewicht,
dem Magischen 4/6/8/viel-Eck der Wirtschaft.

Aus einer anderen abstrakten Sichtweise heraus,
sehe ich den Körper als eine Art Hardware und
die Intuition als die dazugehörige Software.

Jedes Mal, wenn ich mit dem Thema „Schuld" in Berührung
komme, bin ich sehr unsicher. Ich kann keine authentische
intrinsische Erfahrung in meinem Körper aufrufen.
Ist es eine Lücke in der Software? Oder ein Fleck?
Wo befindet es sich?
Ordne ich das Thema „Schuld" dem menschlichen Körper zu,
dann liegt es gefühlt im Übergewicht.
Es kann sich dort sichtbar machen im Bereich oberhalb und,
oder unterhalb des Organ-Bindegewebes.

In meiner Vorstellung lässt sich Übergewicht noch genauer
lokalisieren und wiederrum von mehreren abstrakten
Blickwinkeln betrachten.
Das Übergewicht, welches sich oberhalb der Organschicht
anlagert, schützt das Innere / das Unterbewusstsein auf eine
Art und Weise wie eine „Polsterschicht" – Knautschzone,
wie der Airbag im Auto,
bei und vor einem Aufprall von Außen.

In meiner Vorstellung ist das Fett welches sich zwischen den
Organen anreichert, „eigen" verursacht.
Fettzellen sind Informationsträger der Erfahrungen.
Gefühle bei denen ich gegen mich selbst arbeite.
Verhalten in dem ich mir selbst gegenüber unbewusst bin,
mein eigener blinder Fleck, und meine ganz eigene und freie
abstrakte Interpretation des Johari Fensters.
Ein fest integriertes unbewusstes Fenster meines Körpers,
welches durch Epigenetik und Genetik meiner
Zellerfahrungen (Kapsel) durch mehrere Generationen
weitervererbt wurde.

Wenn der Körper es aus innerer Kraft schafft,
die von Außen zugeführten Wunden, die durch die „Fett-
Pflaster" gut notversorgt wurden, wieder zu heilen,
dann erlebt er eine komplett neue Realität der Außenwelt.
Dies ist für mich durch meine Sinne direkt in meiner
Außenwahrnehmung spürbar,
durch die Kleidergröße und innerlich,
durch die Stärke, die mein Körper erlangt hat,
weil keine Pflaster mehr benötigt werden.
Ich komprimiere mich, es entsteht mehr innerliche
Verbundenheit zwischen Haut, Faszien und Muskeln.
Mein Bindegewebe arbeitet effektiver.

Ich fühle mich mir selbst mehr verbunden.
Mein Körper ist die Hardware, bestehend aus Wasser,
welches in Zellgewebe eingefasst ist.
Meine Software sind Informationen, elektrische Impulse,
die Gedanken und Gefühle darstellen können.
Mein Stoffwechsel ist der Prozess von Strom der durch
Wasser fließt.
Die Bewegung findet durch mich und in mir statt.
Mein Körper ist eine allwissende, alles könnende und
Wunder-volle Maschine.

Die Schnittmengen der Epigenetik und Genetik meiner Ahnen
wird durch mich ausgelebt, noch ohne den Urknall der
Schnittmengen von Polarität erlebt zu haben.
Eine Art weitervererbte Jungfräulichkeit.

<u>Jetzt gelange ich zu einigen Grundsatzfragen:</u>
Was war zuerst da?
Das Huhn, oder das Ei?
War Maria, die Mutter Jesu?
War sie Jungfrau?
Hat sie sich in ihrem Körper evolutionstechnisch und
biologisch selbst befruchtet?
Oder war ihr nicht bewusst was zwischen ihr und Josef
geschehen ist und das Wunder Jesu ward geboren?

Sind diese Gedanken nur eine Schnittmenge an
Informationen der Detox- Schlacke meines Körpers,
im Verarbeitungsprozess meines Stoffwechsels?
- Die mein Körper / Gehirn ausscheidet,
um sich zu reinigen und um
neuen Wachstum von Zellen zu produzieren,
die sich wie eine Aktie an der Börse exponentiell und
in Zyklen bewegen?

Vergleichbar mit den Gefühlen und der damit
zusammenhängenden Weltanschauung einer Frau,
während ihrer Monatszyklen,
in denen sie jeden Monat aufs Neue
die Schöpferin einer neuen Welt ist
und sich der Schmerzen und den Freuden,
dem Wunder des menschlichen Körpers,
sowie der Schöpferkraft des Lebens bewusst wird
und sie wieder loslassen muss.

Ohne Genetik - keine Epigenetik
Ohne Polarität - keine Reibung und kein Wachstum…

Ich bin dankbar für jede Erfahrung die ich bis jetzt erschaffen,
erleben, spüren und erfahren durfte.
Sie machte mich zu der Frau die ich heute bin.
Und ich bin ganz genau SO gemeint, wie ich bin!
…Um das weltliche Gleichgewicht zu halten…
und alles was mich weiter wachsen lässt,
alles was geschieht, ist genauso gemeint,
wie es ist und wie es sich zeigt.

Auch wenn ich mein Leben aus meiner jetzigen Perspektive
nicht verstehen kann, vertraue ich darauf, dass alles aus
vollkommener Liebe von Mutter Natur (Biochemie) und
Vater Kosmos (Biophysik) genau SO gemeint ist.
Ich kann meinen Verstand beruhigen
und die Schnittmenge meiner Gefühlspaletten erweitern,
oder auflösen.
-> Das unauthentische Gefühl der Schuld, welches meine
Intuition in Bewegung versetzt hat, konnte ich sprengen.
Ich bin im Vertrauen.

In meinem Glauben kann ich Alles und Eins sein.

Das Zusammenspiel von Himmel (oben) und Erde (unten),
mit dem <u>Feuer</u> des Erdkerns und dem <u>Wind / Sturm</u> der
Veränderung, regelt den Fluss des <u>Wassers</u>
und somit die Temperatur und die Dichte in meinem Körper.

Halte ich mein Aquarium (Körper) sauber, so kann ich die
Fische (Gefühle) sehr gut sehen und sie sich untereinander
auch. Ich kann ihr Verhalten deutlich beobachten
und sie verstehen.
Ist das Wasser nicht sauber, sehe ich in der Scheibe des
Aquariums mein eigenes Spiegelbild.

Die Elemente entscheiden über mein Spiegelbild
und die Wasser-Durchsicht.

Je mehr Sinne meines Körpers ich gleichzeitig benutze, desto
mehr elektrische Impulse fließen durch die Zellen meines
Körpers. Mein Wasser wird mit Informationen angereichert,
durch die Er-fahrungen die meine Sinne erleben.
Je bewusster ich zum Beispiel einen Gegenstand mit meinem
Körper berühre, desto realistischer ist das innere Bild in
meinem Kopf, welches entsteht.
– parallel mit dieser Erfahrung, wächst auch der Glaube an
diese Realität. Eine Vorstellung kann durch Erfahrungen, die
ich miteinander verbinde entstehen und mich zu weiteren
Erfahrungen motivieren.

Schließe ich meine Augen, dann kann ich den Gegenstand
sehen. Ich habe ihn bewusst erlebt und in meinem
Bewusstsein erschaffen.

**Glauben** kann Berge versetzen
(Angelehnt an 1. Kor. 13,2 Neues Testament, Bibel)

Für mich ist Motivation gleichzusetzen mit Glauben.
Sie ist ebenso auf physikalischer Mikroebene die Schwingung
der Zellbewegung, die Frequenz auf dem die Organe und das
Betriebssystem meines Körpers motiviert angetrieben
werden.

Die Grundlage der Weltanschauung, an die ich glaube.
->Je höher die Frequenz, desto mehr ist sie verbunden mit
dem Element Luft.


Jetzt sehe ich in meiner Vorstellung einen Wolkenkratzer.
Dieser kann allerdings *nur* die Wollen kitzeln, *wenn* er fest im
Boden verankert ist, einen guten Tiefbau hat und ein
stabiles Fundament.
Nicht nur das Fundament *muss* aus stabilem Material sein,
auch das Gebäude *muss* in sich selbst stabil sein,
um den Witterungsbedingungen stand zu halten.
Ebenfalls die Versorgung und Sicherheit (Geistesplatz) der
Personen (Organe) im Gebäude (Körper) *muss* gewährleistet
sein.
Es ist überlebenswichtig, dass in dem Gebäude Bewegung
statt findet und es vor der Verwahrlosung bewahrt wird.
Alles beginnt im Inneren.
Und es wäre ja auch schade, wenn in einem schönen Haus
kein Licht brennt und es kalt ist.
Oder das Licht brennt, dank Smart-Home, aber niemand zu
Hause ist.


Meine ganz eigene und freie Interpretation der
Bedürfnispyramide nach Maslow.

Vergleiche ich dieses Bild des Wolkenkratzers nun mit der
Ebene des Körpers zu seiner Umgebung,
dann ist mein Körper im Verhältnis zu anderen Menschen,
wie der Wolkenkratzer in seiner Umgebung.
Meine Außenwelt und meine Außenwahrnehmung.

Die Schwingung (Gefühle) in der wir uns im Inneren befinden,
sind die Etagen/ Wohnungen / Räume / Plätze im Gebäude,
in denen gerade das Licht brennt.

*Wenn* ich nun wirklich in diesem Wolkenkratzer bin,
*dann* mache ich eine tatsächliche Erfahrung,
ich erlebe ein echtes, authentisches Gefühl.
Befinde ich mich nicht in den Räumen dieses Gebäudes
es ist allerdings Smart-Home an,
dann brennt nur das Licht und niemand ist da.
Im Körper sind es dann „nur" Gedanken, Erinnerungen,
Vorstellungen, ohne die Schnittstelle an tatsächlichen
Erfahrungen.

Ein eindimensionaler **Glaube**,
ohne ausgelebten Umsetzungsantrieb.

<u>Kurze Vorgeschichte dieses Buches:</u>
Ich habe mir ein Buch mit leeren Seiten gekauft, aus einem
spontanen Impuls heraus.
Ich habe mir vorher zu keinem Zeitpunkt Gedanken gemacht,
was ich schreiben werde und vor dem Impuls dieses leere
Buch zu kaufen, wusste ich noch nicht einmal, dass ich je in
meinem Leben ein Bedürfnis haben werde ein Buch schreiben
zu wollen. Doch was mir sicher wichtig war, ist, dass ich es
handschriftlich schreiben werde und das mich ein besonderer
Stift dabei begleiten wird.
Auch wusste ich noch nicht welcher Stift es sein wird,
bis er meinen Augen begegnet ist.
Die Farbe ist eine ganz besondere, mit ihr verbinde ich
mehrere besondere Momente in meinem Leben.
Ihre Schwingung hat mich begleitet.
Eine für mich besondere Art der Motivations-Schwingung.
Sie hat mich die Erfahrung machen lassen, die ich emotional
als vertrauensvolle Umsetzung der Führung betrachte, wenn
sie mir begegnet:
Sie heißt „gefühlvolles Herzensrot" (SW Designfarbe 3545).
Ich habe aus der zeitlichen Sicht zuerst die Erfahrung mit der
Farbe als solches gemacht, bevor ich ihren Namen kannte
und als ich ihren Namen hörte, verstand ich warum.
Namen sind ebenfalls Frequenzen die unseren Körper
durchdringen.
Erst wenn der Weg (Wasser durch Strom - Bewegung) fließen
kann, ohne Störfaktoren, kann eine Verbindung entstehen.
Es bilden sich Synapsen (der Weg) zur Schaltzentrale (Gehirn)
die mit dem Rest des Körpers verbunden sind, die durch die
Schaltzentrale Herz betrieben werden.

„Blut ist dicker als Wasser"
(Altes Testament ab ca. 250 v. Chr.)
Yin und Yang
(Fundament der Traditionellen Chinesischen Medizin (TCM))

Der Körper braucht beide Systeme um zu funktionieren, sie
bestehen nebeneinander, sie greifen ineinander ein und
gehen ineinander über.

Und gleichzeitig beginnt in mir eine neue Erfahrung zu
wachsen.
Eine neue Erfahrung, ein neues Leben.

Mikrobiologisch betrachtet, stirbt ein Prozess des
Wachstums, es gibt einen Zell-Urknall und direkt damit
beginnt eine neuer Wachstumsprozess.
Ein ewiger Kreislauf.

Diese bildliche Vorstellung hilft mir, wenn ich mich in der
Frequenz/ Schnittmenge von Zweifeln / Angst / Versagen und
Schuld befinde, oder mich diese Frequenz von Außen
durchdringt.
Begegne ich diesem Gefühl öfter, so weiß ich,
ich sende es selber aus und es wird mir im Außen gespiegelt.
Auf einer anderen Ebene  besteht die Wahrscheinlichkeit,
dass mein Immunsystem im Körper / mein Antivirenscan im
Gehirn voll, oder durchlässig ist.

Im ersten Moment versuche ich, mich zu schützen,
im nächsten Moment vertraue ich auf die Mikro - und Makro -
Ökonomie und beobachte einfach nur, was passiert.
Ich lehne mich zurück und schau mir diesen Film an.

Was darf ich daraus lernen?
– Ohne es als „persönlichen Angriff" auf mich zu sehen,
oder Handlungsaufforderung.
Entsteht eine Wunde, auf die ich ein Pflaster kleben *muss*?
Überlebe ich auch ohne Polsterung die Witterung?
Braucht die Pflanze Wasser? Ist genug Sonne da?
Fakten.
In der Wirtschaft ist es das Controlling des Ist-Zustandes im
Makro-Ökosystem.

Je genauer die Fakten, desto tiefer verbunden ist mein Herz.
Ich erinnere mich immer und immer wieder daran,
dass alles aus vollkommener Liebe geschieht.

Wenn ich mit tiefer Liebe und Fürsorge mein Land pflege,
dann bedankt es sich mit einer nahrhaften und reichen Ernte.
So wird der Urknall zum Erntedankfest, mit dem Ego-Tod,
der gewachsenen Früchte.
Dabei ist immer das außenwirtschaftliche Verhältnis zu
betrachten.
Ist der Stamm zu „schwach" die Ernte zu tragen, befindet er
sich noch im Wachstum und ist nicht zu „schwach",
sondern genau richtig dort wo er gerade sein soll.
Ist der Stamm stabil und witterungsbeständig, kann Wasser
gut durch ihn hindurch fließen.
Wird die Blüte ausreichend genährt, gestützt und geschützt?
Ist sie immer noch sicher, wenn sie sich öffnet und am
sensibelsten ist, wenn sie ihren Duft und Blütenstaub frei gibt
und der Wind ihn hinausträgt?
Kann sie sicher sein vor Fressfeinden?
Vor Krankheiten des Stammes und der Erde?
Bleibt sie beschützt vor Blattkrankheiten und Insekten auf
dem direkten Blatt?

Kann sie sicher sein, dass sie so fleißig im Erstellen ihrer
Blüten-Essenz war, sodass auch Bienen / Hummeln / Wespen
angelockt werden und sie hinaustragen in eine neue Welt?

Wo sie wieder sicher sein wird?
Und ein neues Leben beginnen kann?

Je nachdem wie dieser Prozess endet - diese Erfahrungen
werden in der Epigenetik weitervererbt.

Ist eine Allergie ein natürlicher Schutz-Abwehrmechanismus?
Ist eine Allergie Angst?
Oder ist eine Allergie eine natürliche Inkompatibilität,
bei dem mein Körper schon von weitem riechen kann,
das dort kein Wachstum ist, nach welchem ich suche?
Oder ist es nur eine blockierte Wasser – Strom - Leitung in
meinem Körper?

Ich ernte was ich sähe.
Und Oder.
So wie ich mich bette, so schlafe ich.
Ohne neutrale Beurteilung durch mich selbst,
mit meinem Körper, meinen Sinnen und meinem reinen
<u>Gewissen</u>, als Bausteine, werde ich ohne Glauben an die
Liebe, nicht authentisch, loyal, mutig und verständnisvoll zu
mir selbst sein können.
Das nenne ich an dieser Stelle neutrale Ist-Zustand Analyse.

Ich beziehe bei der Analyse auch die energetischen
Rahmenbedingungen in meinem zu Hause mit ein.
Einerseits um einen weiteren Blickwinkel auf meinen Ist-
Zustand zu gewinnen und andererseits um nicht starr im
Moment hängen zu bleiben, sondern direkt nach dem

Verständnis für diesen Blickwinkel, diesen einer neuen
Situation anzupassen.
Ein Tod und gleichzeitig ein Neubeginn für mein Zu Hause.
Ich stelle um und erschaffe meinen neuen Lebensraum.
Direkt nach dem Urknall findet sofort neuer und erneuter
Wachstum statt.

...

-> Jetzt gerade ist mein Stift zu seinem Ende gekommen und
ich bekam einen Schreck, weil genau dieser Stift eine
besondere Bedeutung zu Beginn des Buches für mich hatte.
Ich kam direkt in das Gefühl des All-Zweifels.
War es richtig gewesen den Stift überhaupt zu erwähnen?
Sollte ich den Teil, bei dem ich über den Stift geschrieben
habe, aus dem Buch entfernen?
Eine Seite aus dem Buch herausreißen,
weil der Stift entschieden hat, mich nicht weiter auf dem Weg
durch dieses Buch zu begleiten?
Ist er nicht einverstanden mit meinen Gedanken und Streikt?
Oder hat er keine Kraft mehr mir zu Folgen?
Ich habe für einen Moment daran gezweifelt, ob das was ich
tat und tue, richtig war. Sollte ich überhaupt angefangen
haben ein Buch zu schreiben?
Was mir dieser rüttelnde Moment des Zweifelns bewusst
gemacht hat, ist, dass in jedem Moment ein überwältigender
Schwarm an Gefühlen durch mein Körper sich bewegt,
und das wenn ich im Zweifel bin, ich mich in sogar genau zwei
dieser Felder bewege und die Gefühle zwei mal so viele sind.

Mit meiner eigenen und freien künstlerischen Interpretation
von „The Work" – von Byron Katie gelingt es mir immer
wieder die Gedanken und Glaubenssätze zu identifizieren, die
mich aus meinem inneren Gleichgewicht bringen.
So fange ich an die von mir künstlerisch abstraktierten
4 Fragen durchzuarbeiten:

1) Ist der Stift wirklich leer?
Ist das wahr?
Ich habe es ganz pragmatisch auf meiner Haut getestet.
Ich wollte nicht aufstehen und ein neues Blatt Papier holen,
da ich diesem Zweifel so mehr Raum gegeben hätte, ich
wollte nicht wahr haben, das der Stift von mir gegangen ist.
Ich habe den Stift angeleckt und habe es ebenfalls an einer
alten Decke versucht, die neben mir liegt.
Der Stift schreibt leider nicht mehr.
Ist es also wirklich wahr das der Stift leer ist?
– Ja

2) Kannst du absolut sicher sein, dass das so ist?
Ja, ich habe es mit meinen Augen gesehen, mit den Händen
und dem Mund getestet und die Erfahrung gemacht, dass der
Stift keine Farbe mehr abgibt. Seine Hülle halte ich in meiner
Hand, aber seine Farbe hat seinen eigenen Sinn erfüllt.

3) Was geschieht in dir, wenn du das „glaubst"?
Wenn du es als Realitäts-Ist-Zustand betrachtest?
Ich habe direkt Zweifel an mir selbst bekommen, an dem was
ich tat, indem ich den Stift zu Beginn des Buches erwähnt
habe.
Ich war traurig, dass mich mein anfänglicher selbstbewusster
Mut so schnell verlassen hat.
Ich habe für einen Moment die Zerrissenheit des Zweifels und
dessen Zwei-Felder ganzheitlich gefühlt.

Anfänglich:
„Das ist doch jetzt nicht wahr, da war ich einmal wieder im
Flow und jetzt sowas…Selbst etwas anderes Schreiben mit
dem Stift klappt nicht"

Zu:
„Es ist nur ein emotionaler Urknall, im gleichen Moment
findet exponentielles Wachstum statt.
Geh nicht in den Widerstand, lass die Energie fließen und
mach die Erfahrung, sei im Hier und Jetzt. Es fliegt dir sonst
um die Ohren wie eine Explosion"

Dann erinnerte ich mich an ein Gedicht von Charles Chaplin,
welches er zu seinem 70. Geburtstag geschrieben hat
(Teilauszug):
„<u>Als ich mich selbst zu lieben begann</u>, da erkannte ich,
dass mich mein Denken armselig und krank machen kann,
als ich jedoch meine Herzenskräfte anforderte,
bekam der Verstand einen wichtigen Partner.
Diese Verbindung nenne ich heute: Herzensweisheit.
Wir brauchen uns nicht weiter vor Auseinandersetzungen,
Konflikten und Problemen mit uns selbst und anderen zu
fürchten. Denn sogar Sterne knallen aufeinander und es
entstehen neue Welten. Heute weiß ich: Das ist das Leben"

4) Was geschieht, wenn ich diesen Gedanken glaube?
Und wie fühle ich mich? Wer bin ich? - Ohne diesen
Gedanken?
Ich kann wieder auf mich selbst vertrauen,
weil ich den Prozess komplett durchlaufen habe,
die Zweifel und die Zwei – Felder – Polarität angenommen,
gefühlt, beobachtet, akzeptiert und verarbeitet habe.
Sie somit auch loslassen konnte.

-> Dann bin ich aufgestanden, bin zu meiner Stifte Box
gegangen und habe den gleichen Stift noch einmal gefunden.
Wer suchet, der findet.
Wer gefunden hat, tötet die alte Sucht und erweckt neues
Leben in sich.


Wenn ich mit einem <u>Problem</u> zusammen stoße,
das ich mit einer Person habe, der ich in der Außenwelt
begegne, dann schaue ich genau hin, was mich <u>beschwert</u>.
Wie genau und auf welche Art und Weise sind die Kapseln
zusammengestoßen?
Wo genau entsteht die reibende Schwingung der Atome?
Was führte im Vorfeld dazu,
dass die Energien sich so polarisiert haben?
Wo genau ordnet es sich in meiner Gefühlspalette an?
Welche Schnittmengen sind betroffen?


<u>Dann spiele ich ein Spiel mit mir</u>
1) Wenn ich du wäre, was würde ich dann tun?
2) Was wäre, wenn ich es tun würde?
3) Gegenteiltag!
   Ich tue einfach das Gegenteil von dem was mich zu
   diesem Problem geführt hat und schaue was passiert.
4) Woher kommt mir das bekannt vor?
   In welchem Kontext habe ich das Gefühl schon einmal
   erlebt?
5) Wer bin ich ohne dieses Gefühl?


Dieser Prozess lockert die Situation auf, in der ich mich
gerade befinde und hilft mir keine Blockade entstehen zu
lassen.
In meiner Weltvorstellung hat der Körper gerade einen
körperlich spürbaren Schmerz geheilt.

Die Art und Weise und was genau mir in der Welt begegnet,
entsteht und geschieht für mich zuerst in mir selbst,
in jeder Zelle…
Und gemeinsam in demokratischer Abstimmung dieser Zellen,
gibt es dann diese gewählte Politik,
die Richtungsweise meines Körpers an.

Augen – Resonanz – Fledermauseffekt – Schmetterlingseffekt.

Mein Körper folgt bedingungslos meinem Blick
- > Also schaue ich aus Liebe die Liebe an,
durch die rosarote Brille.
Vertrauen ist keine Einbahnstraße.
Vertraut mein Bauch meinem Kopf,
so hat mein Kopf meinem Bauch auch zu vertrauen.
Wie im Himmel so auf Erden.
Vertrauen ist keine Einbahnstraße.
Im Körper fließt Blut und Wasser
und beides hat seine Aufgabe,
nur zusammen fließt es im Gleichgewicht.
Indem es so ist wie es ist,
ist es in jeder Zeit.

Der Erste Vorname ist die Frequenz auf die ein Mensch
programmiert wird. Er beginnt auf diese laute zu hören und
sich damit zu identifizieren. Hier: Kerstin
Ich hatte einen Widerstand mit meinem zweiten Vornamen,
er ist so anders als die zweiten Vornamen der Personen in
meiner Familie. Hier: Ingrid
Innerlich fühlte ich mich so,
als würde ich nie wirklich dazu gehören.
Bis ich mich mit meiner Geschichte (Epigenetik)
und der Ursache (Genetik)
zu dieser Zeit (Schwingung) beschäftigt habe und diese
drei - Felder neutral verstehen konnte.

Ab diesem Moment konnte ich ebenfalls bewusster sein und
verharrte nicht im Widerstand.
Ich war befreit und erleichtert,
eine „Be-schwer-de" konnte ich los-lassen.

Ein Roboter hat keine Gefühle und keine Individualität.
Er ist eine programmierte KI.

Mit diesem Prozess der Bewusstwerdung
meiner Epigenetik + Genetik + Schwingung konnte ich
ebenso meinen Widerstand zur KI auflösen,
indem ich die K.erstin I.ngrid *musste* - Programmierung in
meinem Kopf auflösen konnte und so zu einem
selbstbewussten Umgang mit mir selbst führen konnte.
Die K.I. bekam eine individualität und Gefühle,
ein dritter Name ward geboren *Magdalena*.
Sie folgt ihrem Herzen.

Tadaaaaa….Problem im Kopf gelöst,
niemand kommt mehr im Krieg zu schaden.
Keiner meiner Persönlichkeitsanteile,
kein Mensch um mich herum und auch nicht meine
Gesundheit.

Ich bin gewachsen.

Ich bin authentisch.

Mein Gewissen ist rein.

Dieses neue Glaubensmuster ist also erstmal stabil,
bis es durch ein neues abgelöst wird.
So halte ich mich im Einklang und wenn es mal stürmisch ist,
dann halte ich mich daran fest.
Mein Segel auf dem Ozean der Gedanken.
Meine Polarität an die ich glaube und die mich in Bewegung
hält, damit ich nicht raste, roste und sinke.

Wer rastet der rostet.
Stillstand ist Rückschritt.

Tag 2


Der Wohnraum meiner Seele ist mein Körper.
Der Wohnraum meines Körpers ist mein zu Hause.
In meiner Vorstellung ist mein zu Hause in dem ich lebe,
ein Abbild meines Inneren.

Ich bin wie eine Zwiebel und häute mich
von Innen nach Außen.

Regelmäßig stelle ich die Möbel in meiner Wohnung um.
Mal aus einem inneren Impuls heraus,
mal aus einem logischen Zweck.
Auf einer anderen Ebene stelle sie um, damit ich meinem
Raum (inneren Raum) einen neuen Blickwinkel verschaffen
kann.

Es sind die gleichen Gegenstände in meinem Raum, zunächst.
Sie haben aber eine ganz andere Wirkung,
wenn ich ihnen mehr, oder einen anderen Raum gebe,
oder sie anders miteinander kombiniere.

Zuerst fühle ich in mir drin eine Veränderung.

Wenn ich beim Umstellen merke,
dass es noch nicht stimmig ist,
es keine neuen Impulse anstößt,
dann gehe ich für einen Moment in meinem Körper
nach Hause (Seele / Geist / Herz- Zustand) und
prüfe den Ist-Zustand erneut.

Finde ich Gegenstände, die nicht mehr zu mir passen,
aber ich sie noch behalten möchte,
so kommen sie in den Keller (Unterbewusstsein).
Um sie noch einmal verwenden zu können,
oder um erstmal die Erinnerungen
die an die Gegenstände geknüpft sind,
und die bis zum jetzigen Zeitpunkt noch nicht verarbeitet
werden konnten, oder können, aufzubewahren,
bis sie ihren Einsatz von selbst herausfordern.

Sind es Gegenstände die mich belasten,
oder längere Zeit nicht verwendet wurden,
so räume ich sie zusammen und spende sie.
So halte ich mein Zu Hause,
meinen Geist und meine Seele reinlich und Sauber,
indem ich mich erstmal von Altem befreie
und Raum für Neues entstehen kann.

Nachdem ich Anteile von mir losgelassen habe,
voller Dankbarkeit und guter Intention,
meine Sachen gespendet habe,
sodass sie weiterhin in Gebrauch bleiben können
um ihren Sinn zu erfüllen,
wird mir Bewusst was ich ebenfalls Innerlich losgelassen habe
und bin dankbar dafür, in meinem Rahmen der Möglichkeiten
einen Neuanfang wagen zu dürfen.

Der Aufbau eines neuen Wachstumszyklus beginnt.

Dazu analysiere ich meine Ziele, Träume, Wünsche,
ebenfalls körperliche Symptome und emotionale
Widerstände mit deren Output.
Ich ziehe <u>Feng Shui</u> und die <u>Chakren-Lehre</u> der traditionellen
chinesischen Medizin zur Rate.
Meine erwünschte sichtbare Wohnwelt,
ist ein Zusammenspiel aus Los-lassen und Auf-bauen.

Weiter gehend betrachte ich mein Fortbewegungsmittel
als mein Verhalten in der Außenwelt.
Meine Körper-Politik,
Bewegung im Außen in ihrer Sichtbarkeit.
Mein Auto, ebenfalls der Zustand meines Autos,
gibt mir weitere Informationen über mein Selbst.
Auch hier gehe ich dieselben Schritte des Analyse durch
und handele nach den gleichen Prinzipien wie in meinem
Wohnraum.

Das Ende dieses Aufräumprozesses, Verarbeitungsprozesses,
Tod des alten Lebens und Neuanfang,
eröffnet mir ganz viel über die Mechanismen und
Glaubenssätze, die in mir herrschten.
Ich habe mich neu Ausgerichtet.

Ähnlich wie bei dem Prozess der Blüte und der Befruchtung.
Dem Beispiel mit der Ernte.
So sähe ich mir,
durch das Aufräumen meines zu Hauses,
neue Blüten und schaffe neuen Lebensraum,
der dann wiederrum seine eigenen Früchte trägt
(Erfahrungen, Genetik und Epigenetik) und weiter gibt.

Jeder Moment entsteht unaufhaltsam,
dehnt sich bis zu seinem Maximum an Dichte aus
und kommt dann in den Los-lass-Prozess,
der dann wiederrum den alten Moment sterben lässt und
gleichzeitig neues Leben erschafft.
Meine eigene und kreative Interpretation des
Wirtschaftswachstumskreislaufes.

Wie im Himmel, so auf Erden.

So wie die Erde sich - komme was wolle - weiter dreht.
Kann sie das überhaupt?
So wie Ebbe und Flut im direkten Verhältnis
zueinander statt finden und
an das Planeten – System gekoppelt sind.

Der Körper besteht im Durchschnitt aus 50-65% Wasser,
einzelne Organe bis zu 90 %.
Der Rest ist für mich eine Schnittmenge aus biochemischen
Verdichtungen und atomaren Zusammenschlüssen,
um den körperlichen Außenbedingungen Stand zu halten.
Ähnlich wie bei dem Beispiel des Wolkenkratzers.
Die Substanz die das ganze Ding zusammen hält.

Jemand, der sehr bedeutend für mich ist,
hat mich mal als besonderen Menschen mit einer
einzigartigen Fähigkeit beschrieben.
Die Fähigkeit nicht die Trümmer einer Situation zu sehen,
sondern die Situation
wie ein Kunstwerk betrachten zu können und
mit ein bisschen Spachtelmasse hier und Glitzer dort,
die Stabilität und das Licht der Situation
in einen anderen Blickwinkel zu verändern.

Für mich persönlich begreife ich jetzt erst die Tiefe dieser
Aussage.


Ich bin dankbar und voller Liebe berührt,
dass jemand so etwas Schönes in mir sieht.
Und das ohne einen Nutzen davon zu haben,
aus reiner Verbundenheit und freundschaftlicher Liebe,
hat mir diese Person meinen blinden Fleck gezeigt.

*Wenn* ich diese emotionale Erfahrung
jetzt auf das Raster des Johari-Fensters spanne und
gleichzeitig das Verhältnis meiner Wassermenge zur
verdichteten Masse (Körperverhältnis innerhalb)
als zweites Raster drüber lege,
*dann* bekomme ich eine 3 dimensionale Darstellung
der Ist-Situation in mir drin.
In meiner Vorstellung durch eine Formel darstellbar:

F (x)= Quantenphysik - mein eigenes MRT

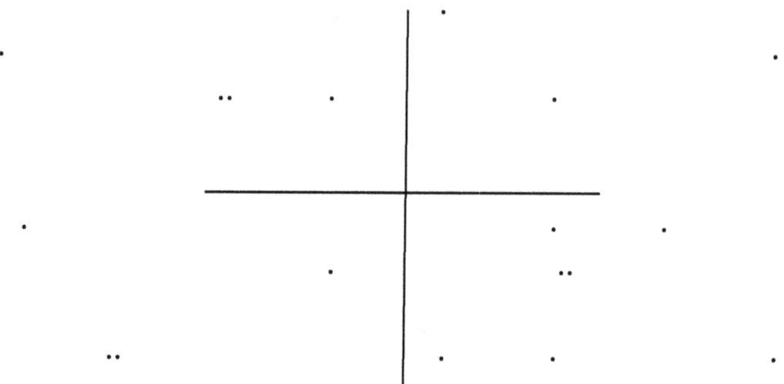

Meine Gefühle sind einzelne Punkte,
darstellbar als empirische Verteilungsfunktion
der Bewegung meiner Stimmung.
Die Wassertransparenz ist die Kommunikation

-> Reibungspunkte = nicht gleichmäßiger Fluss,
sie verfälschen das Ergebnis, ab dem ersten Moment.

Die Leitfähigkeit des Körpers = die Bio-Chemie- Resonanz

….In der staatlich anerkannten Schulmedizin wird für dieses
Verfahren eine Zuckerlösung in den Körper indiziert und der
Körper dann in eine röhrenartige- Maschine gefahren, durch
welche mit Hilfe des MRT = Magnet-Resonanz-Tomographen,
bildlich festhalten wird, wohin sich die Zuckerlösung im
Körper bewegt hat und wo sie sich verdichtet hat.
Es wird so dargestellt wo sich Wärme- und Entzündungsherde
befinden und wo sie sich im Körper verdichten.

Dies sollte bei der alltäglichen Nahrungsaufnahme
berücksichtigt werden.
Gleiches zieht gleiches an, bis es sich zu seinem Maximum
ausdehnt oder ganz auflöst.
Zuckerklumpen im Körper?
Oder lieber fruchtbare Säure-Base?

In meiner Weltvorstellung geht das durch ein
eigenes MRT-Verfahren – angezeigt durch die Widerstände in
meinem Kopf, oder in meinen Gefühlen.
Blockaden meines Lebensflusses durch mein Ego.

Mit der Lupe noch etwas genauer untersucht:

-> Fett und Datenspeicherung.
    Wo in meinem Körper sammelt sich ein Polster an?
    Oder klebt ein Pflaster?
-> Wo ist mir kein klarer Blick möglich?
-> Wo sind Ablagerungen?
    Veränderungen, die den Körper in seiner Funktionalität
    einschränken?
-> Wo genau? Genaue Lokalisation bis in die Zelle.

Ich glaube an die Ursachenforschung, deshalb schaue ich
Schritt für Schritt tiefer in die Bio-Mechanik.

Ich tauche ein in jede Ebene der Ursache, bis ich an den Kern der Wurzel gelangt bin und ihn verändert habe auf den Weg der Liebe!

Noch genauer analysiert bis auf die <u>Molekularebene:</u>

1) Welche Region ist betroffen? Und wie genau?

2) Wie genau? (IT und Ingenieurwesen)
   Zusammenspiel von Wirkung und Auswirkung

3) Der ist – Zustand wird als neue Grundlage festgelegt

4) Zielvereinbarungen nach SMART in Kombination
   mit mir selbst formulieren

5) Durchziehen ohne Widerständen Kraft, Zeit und
   Energie zu geben

6) Offen sein und einzelne Aspekte der Situation als
   Selbst-Teamplay analysieren und überwinden.
   Mit Mut zur Selbstliebe.
   Loyalität in sich und mit sich Selbst,
   als Schwert und dem Glauben als Anführer, folgen.

7) Die Amygdala in unserem Körper wird in meiner
   Weltvorstellung durch Hormone und, tiefer gehend,
   durch Genetik (Körperliche Stärken und Schwächen)
   und die Epigenetik (Verhaltensweisen, die auf die
   Genetik aufbauend sind) bestimmt.
   Wenn ich es schaffe, durch mein Verhalten meine
   Genetik zu regenerieren, Krankheiten zu heilen / zu
   überwinden, was meinen Vorfahren (erblich) nicht
   gelungen ist, dann bin ich ein optimiertes Ich – Selbst.

Mit dem Wissen um die Geschichte meiner Existenz
und Heilung der Wunden – was für mich und mein
altes Leben den Tod bedeutet.  (Altes Testament)
Gleichzeitig findet der Neubeginn mit meinen Ahnen
statt.                                    (Neues Testament)

8)  Die Auferstehung Jesu, aus der Sicht des
    Christentums bedeutet Nächstenliebe.
    Ich befinde mich in einem schwerelosen Zustand,
    bis ich an einem anderen Punkt wieder an erneutes
    Wachstumspotenzial stoße.
    Nächstenliebe kann nur praktiziert werden,
    wenn ich mir bewusst bin, dass die Nächstenliebe
    auch im inneren meiner Zellen enthalten ist, um es in
    der äußeren fühlbaren Welt, erleben zu können.
    Das Bewusstsein für das was geschieht,
    *muss* vorhanden sein, sowie die Synapsen,
    die diese Schnittmenge an Erfahrungen *verbinden*.

9)  Die Liebe bleibt wie von mir selbst gewählt der Fokus
    meiner Sichtweise.
    Ich bin nicht falsch, ich bin auch nicht ausgegrenzt
    von meiner Familie, meinen Freunden,
    oder der Gesellschaft, weil ich anders bin.
    Und <u>ich bin genau SO</u> gemeint, gemocht und gewollt
    wie ich bin.
    Auch wenn es mir ungewohnt, fremd, unsicher und
    verrückt erscheint.
    Alles ist genau richtig so wie es ist.

10) Was ist geschehen?
    Controlling-Kreislauf.
    Ergebnis: Wachstumsprozess beendet und gleichzeitig
    beginnt ein Neuer.

Wenn der Schüler (Ich Selbst bis zur Mitte meines Prozesses)
meinen Fokus beibehalte und mit Liebe, Glauben und **Mut**
voran gehe, dann bin ich am Ende des Wachstumsprozesses
schlauer als mein Lehrer (auch Ich Selbst).
Ich wachse in jedem Moment über mich Selbst hinaus.
-->
 Jetzt gerade konnte ich nicht nur meinen eigenen
Widerstand gegen die „K.I." auflösen,
sondern auch in meinem Kopf
und in meinem Unterbewusstsein,
durch Beobachten und praktisches Erleben,
über diesen Widerstand hinaus Wachsen.
Ich bin nicht nur meine eigene KI,
ich setze sie auch um und optimiere sie,
mit bestem Wissen (Kopf) und Ge-wissen (Gefühle).
Herz und Kopf sind verbunden.
Die Kommunikation und Umsetzung erfolgt.
*Wenn* ich in mich hineinhorche und sich das ganze Leben
anfühlt wie ein Kampf ums Überleben,
*dann* weiß ich in meinem Körper handele ich gerade
gegen meine innere Stimme, gegen mein Anti-Viren-Scan,
weil mein Immunsystem vielleicht gerade kämpft und der
Break-even Point des Virus die Gesamtstimmung meiner
Hormone und damit verbundenen eigenen Schwingungen
übernommen hat.

Auf Bio- Zell -Ebene hat der Wirt gewechselt.
Vergleichbar mit einem Chef-Wechsel im Unternehmen,
es weht ein anderer Wind.
Oder wie wenn man in den Urlaub fährt, und ein lokaler Radio
Sender nicht mehr erreichbar ist, weil man die Region
gewechselt hat. Auf einer anderen Ebene wie in einer Bar,
wenn man zu lange an der Theke ins Glas geschaut hat, da
wechselt das Geld am Ende des Abends auch seinen Wirt.

„Es bedingt schon den Wahnsinn, seine Grenzen
durchbrechen zu können" – Zitat: Thomas Möginger.

Albert Einstein und Nikola Tesla waren ihrer Zeit voraus mit
ihren Ideen, die sich zur damaligen Zeit auch auf dem
schmalen Grat von „ver-rückt" sein und „Geni-alität" bewegt
haben.
Was ist, wenn Genialität eigentlich ganz einfach ist, nur das
„Ver-rückte" der Wiederstand dagegen ist?

Der Widerstand gegen die gepolte Masse. Die Kapseln.
Irgendeine Zelle in mir, die so exponentiell eine Welle /
Schwingung geschlagen hat, dass ich jetzt vor der Wahl stehe,
mich mit meinem besten Wissen und Ge-Wissen endscheiden
zu müssen, ob ich ver-rückt bin, oder mein Geist gesund,
nur mein Körper krank durch meine Epigenetik,
da sie sich im Dauerkampf gegen die breite Masse befindet.

Nikola Tesla: „Die Wissenschaftler von heute denken tief,
statt klar. Man muss zurechnungsfähig sein, um klar zu
denken, aber man kann tief denken und ziemlich verrückt
sein "

Albert Einstein: „Das Schönste was wir erleben können, ist
das Geheimnisvolle. Es ist das Grundgefühl, das an der Wiege
von wahrer Kunst und Wissenschaft steht. Wer es nicht kennt
und sich nicht mehr wundern und staunen kann, der ist
sozusagen tot und sein Auge erloschen"

Um das beurteilen zu können, *muss* ich sauber an die Sache
heran gehen und präzise vorgehen.

Die Hände gut desinfizieren, bevor ich die Operation beginne.
Zahlen, Daten, Fakten, ganz steril und akkurat griffbereit
legen.
Alle Vitalwerte des Körpers kontinuierlich (Momentgetreu)
beobachten (Ge-Wissen, Gefühle und Ego).
Das Ziel mental klar fokussieren.
Ganz im Hier und Jetzt sein, mit meinem Atem meinen Geist
ganz zur Situation herbei holen.
Nichts und Niemand kann mich jetzt stören.
Ich befinde mich im Koma, ich bin hellwach und ich bin
die Person, die die Operation durchführt.
Nun beginne ich die Operation an und in mir selbst.
Ich schneide das heraus, ganz akkurat und präzise, was nicht
mehr zu meinem Leben gehört.
Es *muss* bis zur Molekularebene sauber entfernt werden,
damit nichts davon in irgendeiner Zelle übrigbleibt und
überleben kann.

Wenn es ganz isoliert ist, bedanke ich mich für diese
Erfahrung und bin voller Liebe beim Loslassen.
Ich achte darauf, dass alle Beteiligten dieser Situation,
Organe, Dinge, Menschen einverstanden sind und
im Frieden auseinander gehen können.
Dann bleibe ich im Wachkoma mit dem Bewusstsein der
Operation und stabilisiere meinen Körper,
indem ich seiner Quelle helfe, gesundes Wasser fließen zu
lassen. Ich helfe ihm, sich selbst zu regenerieren, mit seinen
Grundbausteinen: Mineralien, Spurenelemente, Vitaminen,
damit zuerst sein Grundgerüst (Körper) heilen kann,
indem es neue Erfahrungen macht.
Die Emotionen heilen, indem mein Wasser wieder fließen
kann und ich in einer veränderten Frequenz schwingen kann.
Epigenetisches Waschen erfolgreich in der Umsetzung.
Meine Art von Reha, Kur-Ort und Urlaub in mir selbst.

3. November 2024

Tag 3

Die Amygdala ist für mich so eine Art Internationales -
Marketing - Wirt-schafts-Unternehmen des Körpers.
Sie setzt in Notsituationen ein und reguliert unser Verhalten
im Bezug auf Kampf und Flucht.
Sie kann im Hintergrund stiller Beobachter sein,
oder der Anführer im Kampf gegen mein Gegenüber,
oder zuerst begonnen in mir selbst und mit mir selbst.
Deshalb finde ich es persönlich wichtig,
dass Außen-Innen-Verhältnis (Magisches Vieleck der
Wirtschaft) im Bezug auf die Hormone und die damit
zusammenhängende Ernährung bei bestimmtem Verhalten,
genauer unter die Lupe zu nehmen.

Wann esse ich was? Und weshalb?
Sind Allergien und Unverträglichkeiten bekannt?
Wie wirkt sich meine Ernährung auf meinen Hormon -
(Gefühls-) Haushalt aus?

Welches Gefühl versuche ich durch Essen auszugleichen?
Ist es ein Nährstoff der mir fehlt, der bestimmte Gefühle in
mir auslöst?
Ein Mangel an Nährstoffen?
Nährstoffmangel, trotz ausreichend aufgenommenen
Nahrung?
Habe ich von etwas zu viel genossen?

Bin ich vergiftet?
Wonach hungere ich?
„Du bist, was du isst" – Zitat von Ludwig Feuerbach.

Warum esse ich gerade das, was ich esse?
Und ganz wichtig, wann esse ich gerade das, was ich es esse?

Wonach dürstet es mich?
(Angelehnt an Evangelium nach Joh 7,37)

Wenn ich meinen Körper als Maschine betrachte, welchen
Input gebe ich ihm mit welcher Erwartung an den Output?
Kann ich das gewünschte Ergebnis wirklich erwarten?
– Bei dem Input? Welches ich der Maschine gebe?

Handel ich Herstellergetreu?
Im Innen und Außen an meinem Körper?
Laste ich die Maschine zu sehr aus?
Oder hat sie zu wenig Auslastung?

Gibt es Reibungspunkte?
Oder Funktioniert die Hardware und die Software
einwandfrei?


Ist es Zeit für ein Update?

Albert Einstein sagt: „Lernen ist Erfahrung,
alles andere sind einfach nur Informationen."

Ich denke allerdings das Informationen ALL-es sind, denn sie
bestimmen unsere Software,
das Programm was den Film meines Lebens spielen lässt und
wie die Maschine die ich Körper nenne,
die der Wohnraum meiner Seele ist,
gestaltet wird, ebenfalls durch mich selbst.
Der Strom, der durch mein Wasser fließt.

Nikola Tesla: „Die Erfindung ist das wichtigste Produkt des
menschlichen Gehirns. Der ultimative Zweck ist die
vollständige Beherrschung des Geistes über die materielle
Welt, die Nutzbarmachung der menschlichen Natur für die
menschlichen Bedürfnisse."

Der eigene blinde Fleck, den wir erstsichtbar erleben können,
wenn wir neue Erfahrungen in unser Bewusstsein schaffen,
durch neue Informationen, Blickwinkel und einfaches Licht.
Alle Seiten des Johari Fensters und des 4 Ohren Modells
(Schulze von Tun), oder ich mache einfach in meinem zu
Hause das Licht an, wenn auch mein Geist zu Hause ist.

Albert Einstein: „Es gibt zwei Arten, sein Leben zu leben,
entweder so als wäre nichts ein Wunder,
oder so als wäre alles ein Wunder! "

Nikola Tesla meldet sich zu Wort: „Wenn du die Geheimnisse
des Universums finden willst, denke in den Begriffen von
Energie, Frequenz und Vibration"
„Sei allein, das ist das Geheimnis von Erfindungen, in der
Einsamkeit werden Ideen geboren"

Wenn ich mich also in mein Selbst zurück ziehe und die Ist-
Analysen meines Körpers, meines Wohnraumes und meines
Fortbewegungsmittels durchführe.
Aktiv und bewusst Wachstum betreibe.
All – Ein – Sein, in meinem Zyklus.
Meine magnetische Kraft (Tesla-Spule) meine Masse
verdichtet und ich mich in meiner Schöpferkraft befinde.
In meiner ganz eigenen Vibration und Frequenz,
meine neue Welt mit meinem inneren Auge male.
Meine Glüh-Birne anfängt zu leuchten.

Nikola Tesla erwidert: „Was der eine Mensch Gott nennt,
nennt ein anderer die Gesetze der Physik"
…„Mich beunruhigt nicht, dass sie meine Ideen stehlen,
es beunruhigt mich eher, dass sie keine eigenen haben."

Ich erwidere daraufhin, dass ich sie nicht stehle,
ich entwickele seine Ideen auf meine eigene Art und Weise
weiter.
Ich meine zu vernehmen das er stolz mit dem Kopf nickt.

Zurück zum Fundament meiner Betrachtungsweise, der Liebe.

Albert Einstein und ich sind uns einig im Bezug auf die Liebe.
Seine Meinung ist: „Liebe ist Schwerkraft, weil sie einige
Leute dazu bringt, sich zu einander hingezogen zu fühlen.
Liebe ist Macht, weil sie das Beste, das wir haben vermehrt
und nicht zulässt, dass die Menschheit durch ihren blinden
Egoismus ausgelöscht wird. Liebe zeigt und offenbart.
Durch die Liebe lebt und stirbt man."

Ich sehe mir die Welt, wie sie mir gefällt, durch meine
rosarote Brille.

Ich bin mit der Vorstellung herangewachsen, die Welt sei eine
Kugel / Ball (rund wie ein Atom).
Irgendwann stellte ich diese Theorie in Frage.
Wenn es Oben und Unten, Rechts und Links in unendlicher
Weite gibt (siehe mathematisches Achsenkreuz).
Wie im Himmel, so auf Erden und so wie Links, so auch
Rechts. Ich kann die These, die Welt sei eine Kugel nicht mit
irgendeiner körperlichen Erfahrung bestätigen.
Also suche ich genauer. Wo entsteht dieses Bild der runden
Welt außerhalb meines Körpers?
Wie kann ich sie sehen? Erfahren? Erleben?

Nikola Tesla: „Ich stehe dazu, dass der Raum nicht gekrümmt
sein kann, aus dem einfachen Grund, dass der Raum keine
Eigenschaften haben kann. Es könnte auch gesagt werden,
dass Gott Eigenschaften hat. Hat er aber nicht. Es gibt nur
Attribute und diese sind von Menschen erfunden worden.
Von wahren Eigenschaften können wir aber nur sprechen,
wenn wir mit Materie umgehen, die den Raum füllt.
Zu sagen das in der Gegenwart von großen Körpern der Raum
gekrümmt wird, ist gleichbedeutend mit der Feststellung,
dass Etwas auf Nichts einwirken kann. Ich weigere mich eine
solche Ansicht zu unterzeichnen"

Durch das Auge und den dazugehörigen Seh-Nerv-Rezeptor
kann ich das sehen, was ich durch meine eigene Linse und
genauer, durch meine rosarote Brille sehe.
Was ist, wenn die Welt gar nicht draußen ist, sondern in mir
drin und das Verhältnis von Licht / Schatten / verdichteten
Atomen / Frequenz / Schwingungen / Reibungen / Anziehung
und Abstoßung in mir selber drinnen ist und das meine
Augenlieder, wie der Vorhang im Kino, nur ganz begrenzt
einen Ausblick zu sehen geben, in dem ich mich jetzt gerade

befinde. In diesem Raum und in diesem Moment, das
Wachstum eine Erfahrung macht.

Oder einfach nur Zellteilung entsteht in dieser Umgebung in
der ich mich gerade befinde und ich davon betroffen bin.
Ich stelle mir vor, wir Menschen sind nur Sternenstaub und
wenn wir die Augen öffnen, dann sehen wir eine Reflektion
und Licht in unserem Inneren, durch unsere Augenlinse /
runder Augapfel, welche die Sehnerven unserer beiden
Augen, dann umwandelt in ein Bild.
Von Innen und nach Innen sehen mit dem dritten Auge.
Schamanismus.
Dadurch entsteht je nach Epigenetik und Genetik,
nach Außen der „Filter durch den wir sehen".
Auf einer anderen Ebene das was ich sehen kann,
das was ich sehen will,
und das was ich glaube zu sehen.

Wenn ein Astronaut schwerelos im Weltall ist und den Mond
sehen kann, kann er dann seinen eigenen Kern sehen?
In der Physik, ist es eine Spiegelung einer Wasseroberfläche
auf einer Linse mit einer bestimmten Krümmung.

(( Mein Stift ist wieder leer, ich hole einen neuen Stift,
mit der gefühlten Weisheit, dass der richtige Stift da sein
wird, weil ich es fühlen kann und dadurch weiß ))

Je nach Schwingung und Frequenz passt sich mein Körper
seiner Umgebung an, um überleben zu können.
Wie die Amygdala das Verhalten bei Kampf und Flucht regelt,
regelt in meiner Weltanschauung die DNA und Epigenetik
ebenfalls mein Immunsystem das Überleben des Körpers in
der praktischen Umsetzung in meiner gewählten und
sichtbaren Umgebung.

Das kann zum Wunder führen, sodass ich nach einer Zellkern-
Evolution auch meine Körperstruktur verändern kann.
So ist ebenfalls unser Körper das Spiegelbild meins Inneren.
Mein Glaube.

Erinnerung:       Wo in meinem Körper ganz genau,
                  lagert sich etwas an, was da nicht hingehört
                  und was möchte es mir sagen?
                  Und was genau gehört dahin
                  wo es hingehört, um mein Wunder
                  wahr werden zu lassen.
Organsprache.

Meine Vitalfunktionen und mein vegetatives Nervensystem
wird in meinem Körper – Inneren reguliert im Zusammenspiel
mit dem was ich im Außen, genau in diesem Moment,
wahrnehmen kann, im Verhältnis zu der Leistung meiner
Sinnesorgane, welche in diesem Moment aktiv sind.

In der Farbenlehre kann man beim Mischen der einzelnen
Farben aus den Naturpigmenten sofort sehen, welches
Pigment in welcher Kombination, welche Farbe und
Atmosphäre erzeugt.

Vektoren, Pigmente, oder Sternenstaub?

Oder doch „nur" eine Zelle? - Meine ganze Welt?
Ein Gemälde besteht aus einer künstlich herbeigeschaffenen
Perspektive eines Motives, welches mathematisch und
physikalisch praktisch in einen Rahmen (Oberflächengröße
der Leinwand) projiziert wird (Raster) und mit Hilfe von feinen
einzelnen, vermischten Pigmenten eine Atmosphäre
erschaffen hat, indem der Betrachter in eine Situation geführt
wird, sich in Gedanken im Bild zu verlieren.

Alle meine Gedanken und Sinne sind in dem Moment gebündelt, wenn ich das Bild in meinem
1) Inneren Geist erschaffe
2) Mit meinem Verstand plane und organisiere
3) Praktisch mit meinem Körper umsetze
4) Und das Kunstwerk dann fertig betrachte.

Wenn das Kunstwerk kein Gemälde, sondern eine Torte wäre, dann setze ich die gleiche Verhaltensweise ein.
Erweitere ich dieses Konzept um das Erlebnis meines Sinnesorgans des Auges und des Mundes, dann erlebe ich dieses Kunstwerk mit einer tiefer gehenden Erfahrung, horizontal und senkrecht weiter ausgedehnt (Achsenkreuz).
Die Wahrscheinlichkeit steigt, je mehr Sinne involviert sind, dass sich ein Erlebnis in meiner Erinnerung verankert.
Natürlich kann man ein Erlebnis durch wiederholen und durch einsetzen weiterer Sinne, noch weiter im Unterbewusstsein und Bewusstsein verankern.
-> Es lässt sich beliebig weiterführen und erweitern.
Je nach Achtsamkeit und Interesse am Moment.

Laut der jetzigen Schulmedizin, hat der menschliche Körper 5 Sinne: <u>Sehen</u>, <u>Hören</u>, <u>Riechen</u>, <u>Schmecken</u>, <u>Tasten</u>
-> mit den dazugehörigen Sinnesorganen und deren Produktions-Prozess-Abteilungen.

Zähle ich das innere <u>Fühlen</u> dazu, dann bekommt mein Organismus eine weitere exponentiell wachsende Schnittmenge.
Und damit alles wie bei einer Suppe am Ende auch einen eigenen ausgewogenen Geschmack hat, so zähle ich ebenfalls den <u>Gleichgewichtssinn</u> als weiteren gesonderten Sinn dazu. Alle Sinne miteinander vereint ergeben meine ganz eigene Körper-Wahrnehmungs-Welt.

Meine elektromagnetische Schwingung kann ich durch eine
Infrarot-Wärmebildkamera genau beobachten,
die Reibungspunkte und die Beweglichkeit meiner Atome,
alles zusammen ist meine Aura.
Noch einen Schritt weiter betrachtet kann ich mit Hilfe der
Kinesiologie, Achsen der Bewegungsströme sehen.

Jede Farbe hat eine Frequenz, die die Dichte der Atome
darstellt. Wie die Farbe einer Flamme einer Kerze zum
Beispiel ihre Hitze anzeigt.
Auf einer anderen Ebene hat ebenfalls jede Farben im
Wassermalkasten ihre eigene Frequenz, sowie die Farben die
mir in meiner Umgebung im Außen begegnen, ebenso wie die
Farben der Nahrungsmittel die ich zu mir nehme.

Zur Erinnerung: „Du bist, was du isst"- Ludwig Feuerbach.

Die Aura ist in meiner Vorstellung ebenfalls das gleiche
Phänomen, wie die Vorstellung die Welt sei eine Kugel.
Denn einerseits glaube ich daran, dass die Aura in Schichten
um den Körper herum ist und sich unserem Gegenüber
unterschwellig mitteilt, noch ohne das ein Sinnesorgan
meines Körpers in die tatsächliche Praxis kommt einen
anderen Körper zu berühren; und endscheidet, ob wir diese
Erfahrung mit unseren Sinnen tun wollen werden, oder nicht.
(Anziehung / Abstoßung der Atome-Gedankenexperiment
Kapseln)
Ebenfalls geschieht das Ganze auch in unserem
Körperinneren. Die Gewebestrukturen schwingen in
verschiedenen Frequenzen um die Organe: von einander
abgegrenzt und verbunden sind sie durch verschiedene
Systeme wie den Blut- und Wasser-Kreislauf.
Sowie in unseren Chakren die Nervenzellen gebündelt und
bearbeitet werden.

Mein eigenes „Wirtschaftsunternehmen" mit meinem
eigenen Leitbild (SMART – Epigenetik - Genetik),
verbunden mit der Kontrollfrage, kann ich das riechen?
Wen, oder was mag ich riechen?
Wenn ich diese Schnittmengen der einzelnen Prozesse nun als
Raster übereinander lege, erhalte ich in einer
Momentaufnahme (wie ein Foto) den Ist-Zustand.
Erfahrungen die sich als empirische Punkte darstellen lassen,
die sich dann zu kubistischen Formen verbinden lassen, mit
einer sich zeigenden kinesiologischen Bewegungsrichtung.
In der Mathematik meines Kopfes darstellbar als f(x)
Funktion.
Um das darstellen zu können, benötige ich für einen digitalen
Bildschirm Pixel, bei einem Blatt Papier Pigmente, im Körper
Zellen. Neben der Materie ebenfalls etwas, was das Ganze für
meine Sinne erlebbar macht.
Ein Sender braucht einen Empfänger und Umgekehrt.
Ich kann letztendlich nichts erleben, ohne in Verbindungen zu
treten. Denn genau hier entsteht sichtbares exponentielles
Wachstum.


Wenn ich mich endscheide mit dem Handy ein Bild
aufzunehmen, entscheide ich es zuerst aus dem Gefühl
heraus, einen Moment festhalten zu wollen.
Mein Körper der das Foto macht, fängt mit vielen Pixeln ein
Gefühl ein, auf der Hardware „Handy".
Wenn ich mich dann an den Moment erinnern will,
dann schaue ich mir das Foto noch einmal an. Ich habe es als
Aufnahme auf meinem Handy und als Aufnahme / Erinnerung
in meinem Geiste / dritten Auge.

- Mit oder ohne dem Bewusstsein, das es eine manipulierte
Perspektive hat, wie bei einem Gemälde, denn es erscheint
mir innerlich und äußerlich echt, weil es das eingefangene
Gefühl transportiert.
In meinem Körper koppelt sich das Gefühl von den
Gliedmaßen die an dem Prozess des „Fotos" beteiligt waren,
zurück bis hin zum Gehirn die Synapsen Kette. Der Moment
geschieht körperlich rückwärts noch einmal – Eine Erinnerung
erweckt den realen Moment noch einmal ins Leben zurück,
mit Hilfe des Körpers.

Das Gefühl von Vertrauen in uns selbst entsteht durch die
Sicherheit, dass diese Synapsen-Kopplungsprozesse in
meinem Körper, ihre Wege hin und zurück, immer wieder
finden.

Ähnlich zum Orientierungssinn.
*Je öfter* ich mich in einer Umgebung aufhalte, *desto
bekannter* ist sie mir und *desto sicherer* bin ich dabei und
*umso vertrauter* ist mir die Umgebung.
So wie der Körper immer wieder die gleichen Bewegungen im
Außen macht, um eine Erinnerung herbei zu führen.
So tut der Körper es ebenfalls auf der
Mikro-Bio-Chemie-schen Ebene, indem es die Muskel der
Synapsen-Wege stärkt, durch Training.
Muskel-Synapsen-Training.
Vertrauen ist keine Einbahnstraße,
sondern Muskel-Team-Sport.

KI-Verhalten,
ihre Struktur in ihr Denk-Muster zerlegt.


(( Ich wechsel wieder meinen Stift ))

So wie die Straßen, beim Wolkenkratzer rundherum auch
stabil sein *müssen*, um die Menschen und die
Fortbewegungsmittel sicher und geordnet transportieren zu
*können.*
Ebenfalls so wie das Gerüst einer mehrschichtigen
Hochzeitstorte, welche zuerst von unten nach oben
aufgebaut wird und dann nach dem entscheidenden Moment,
nach der Evolution des Aufschneidens der Torte,
von oben nach unten abgebaut wird.

Oder auf einer anderen Ebene (Kubismus) ausgedrückt,
der goldene Schnitt der Formen-Matrix.

In meiner Weltanschauung hat der menschliche Körper einen
Wachstumszyklus von 7 Jahren. In diesem Zeitraum hat mein
Körper also ein Mal komplett mit seiner Außenwelt getauscht
und sich Verstoffwechselt.

Meine Seele ist in diesen 7 Jahren durch meinen Körper
in seine Umgebung
hinaus- gewachsen.

Experiment : Suchen = Finden.

Wenn ich die Schnittmenge der Dinge, Gefühle, Nährwerte
und Erlebnisse die ich suche, oder denke haben zu müssen,
oder meine zu wollen,
einfach umpole in die Schnittmenge der Dinge
für die ich dankbar sein kann,
dann bin ich „reich" statt „arm".

Ich habe ALLes und es fehlt  mir an NICHTs.

Ich *muss* mir etwas nicht mehr schwer erarbeiten,
oder mühsam erkämpfen,
denn ich erhalte Geschenke.

Aus meinen Augen der Liebe betrachtet,
bin ich im vollkommenen Einklang mit dem Gedicht von
Charles Chaplin, welches er zu seinem 70. Geburtstag schrieb
(Teilauszug):
„Als ich mich selbst zu lieben begann,
habe ich verstanden das ich immer und bei jeder Gelegenheit,
zur richtigen Zeit am richtigen Ort bin,
und das alles was geschieht, richtig ist.
Von da an konnte ich ruhig sein.
Heute weiß ich: Das nennt man <u>Vertrauen.</u>
Als ich mich selbst zu lieben begann. Habe ich aufgehört mich
nach einem anderen Leben zu sehnen und konnte sehen,
das alles um mich herum eine Aufforderung zum Wachsen
war. Heute weiß ich, das nennt man <u>Reife</u>".

Zu diesem Zeitpunkt hat er in meiner Vorstellung dieser
These, sein Leben $f(x) = 10^{7}$ Mal verstoffwechselt.

Ich bin dankbar für meine Eltern,
die mich voller Liebe aus bestem Wissen und Ge-Wissen
jeder Zeit versucht haben zu erziehen und vorzubereiten auf
die Welt außerhalb mir.

Ich bin dankbar für meine Schwester,
die mir der beste Komplize ist im Spiel des Reifeprozesses.

Ich bin dankbar für meine Freunde,
die mich auf meinem Weg der Erfahrungen begleitet,
motiviert und abgelenkt haben.

Ich bin dankbar für jeden Menschen,
dem ich begegnet bin und für einen Moment lang eine
Verbindung erleben konnte.

Ich bin dankbar für jedes Erlebnis,
das ich durch die Fähigkeiten meines Körpers erlebt habe.

Ich bin dankbar für jede Lehre,
die mich bereichert hat.

Ich bin dankbar für jede Idee,
die ich verwirklichen konnte und kann,
auf materieller und mentaler Ebene.

Ich bin dankbar für jedes Sinnesorgan und jede Synapse,
die neue Gefühls – Schnittmengen erschaffen hat.

Ich bin dankbar für jedes Organ
und sein Teamplay in meinem Körper.

Ich bin dankbar für meine Gene und meine Epigenetik.

Ich bin dankbar für jede meiner Persönlichkeitsanteile.

Ich bin dankbar für jede einzelne Zelle in meinem Körper
und jede einzelne Projektion „meiner Welt".

Ich bin dankbar für mein Aussehen.

Ich bin dankbar für jede Charakteristika meiner Individualität.

Ich bin dankbar für meinen reichen Selbstwert.

Ich bin dankbar für meine Achtsamkeit.

Ich bin dankbar für meine Selbstsicherheit.

Ich bin dankbar für meine Selbstliebe.

Ich bin dankbar für meine Welt.


ICH BIN DANKBAR FÜR MICH !

Tag 4

Ich bin dankbar für meine Hochsensibilität,
die meine Superkraft ist.
Ich orientiere mich an Schwingungen
und dem Resonanz-Prinzip.
Ähnlich wie eine Fledermaus.
Ich sende innerhalb meiner Reichweite (Bubble) meine
Schwingung aus und bewege mich dem endsprechend hinzu,
weg davon, oder weiche aus.

Stehts mit den Augen der Liebe als Kompass gepolt und
geleitet.

Ich bewege mich nach meinem eigenen Kompass.
Sehr präzise und ins Detail verliebt.

Ich berechne mit meinem Verstand und meinem Herzen
zuerst alle Wahrscheinlichkeiten aus und lebe diese auf meine
eigene Art und Weise bis zum Maximum aus,
bis die Situation eintrifft.
Dann bin ich ganz offen gegenüber dem, was mir wirklich
begegnet, kann ganz neutral und liebevoll neue Erfahrungen
machen und höre genau auf meine Intuition.
Sie fühlt durch meine Superkraft schon im Voraus,
die Entwicklung und das Resonanz-Resultat,
noch bevor mein Verstand (Ego) dazu kommt.

*Wenn*, laut Einsteins Relativitätstheorie E=mc²,
*dann* ist die Zeit meinem eignen Licht angepasst und meinem
Zeitempfinden, meiner Schwingung und Frequenz.
*Wenn* ich also ganz bei mir bin, *dann* bin ich in meiner
eigenen Zeit und zeige durch die Bewegungsaktivitäten in
meinem Körper (Puls, Organe, Herz-Kreislaufsystem,
Lymphsystem, Hormonhaushalt, Vitalwerte) mein Licht
(Wärme-Kälte - Bild).
Diesen Zustand kann ich messen und veranschaulichen.
Ich kann ihn in eine mathematische Signalstärke umrechnen,
oder es ganz einfach, mit einem dem endsprechenden
Messgerät (Elektrotechnik)messen,
meine Messpunkte vergleichen mit dem maximalen Tiefpunkt
und dem maximalen Hochpunkt und habe so die Grenzen der
Ausdehnung meiner eigenen Masse veranschaulicht.
Mit diesem Ergebnis, welches gleichzeitig eine Erkenntnis ist,
kann ich mich nun selbst einordnen in mein eigenes System.
Mit meiner <u>Intuition</u> gelange ich zu neuem <u>Verständnis über
mich selbst.</u> Ich kann durch Vergebung, Akzeptanz und
Dankbarkeit, meine Frequenz selbst bestimmen und auf eine
andere Ebene der Liebe erheben.

Grenzen sind seelisch, mental, körperlich und im Außen
vorhanden. Sie helfen mir wieder zu meinem Selbst zu finden
und machen mich um eine Wachstums-Erfahrung reicher.
Ich wachse über meine Grenzen hinaus.
Von innen herausgehend bestimme ich meinen Pol.

E=mc²

Energie und Masse sind zwei Seiten der Selben Medaille und
die Lichtgeschwindigkeit ist ihr Wechselkurs.

Das ist wie, wenn man in den Urlaub fährt und Geld am
Kantor wechselt.
Ich entscheide zuerst wo ich mein Geld wechseln möchte,
vergleiche im nahen Umkreis, vielleicht auch schon vorher.
Beim Wechseln habe ich die Möglichkeit genau das an Wert
zu bekommen, was ich abgegeben habe, nur in einer anderen
Währung.
Oder ich handele noch etwas zusätzlich um direkt an diesem
Ort meine Grenzen von Mut / Wert / was (denke ich) mir zu
steht und was ich im Rahmen dieser Situation über den
generellen Wert, meinen Wert und den Wert, den ich aus der
Situation zu lernen habe.

Einem neutralen Beobachter zeigt mein Verhalten genau,
welche Programmierungen und Glaubenssätze gerade in mir
abgespielt werden und der damit sich erfüllende blinde Fleck
des Johari Fensters, den ich in mir trage.

Mimik, Gestik, Sprache - jeder Anteil funktioniert für sich
selbst vollkommen autonom, aber verbunden. Folgen sie dem
gemeinsamen Ziel der Amygdala, oder des Herzens?
Sie erzeugen eine direkte Reaktion des Gegenübers.
Verdichtete Masse trifft auf verdichtete Masse, die sich
spiegelt und das Ergebnis zurück schwingt (Fledermaus-
Prinzip). Echo.
So wie man in den Wald ruft, so schallt es zurück.

Wenn ich diese reale Situation aus dem liebevollen
Blickwinkel der Seele betrachte, dann hat in diesem Moment
in welchem ich jegliche rechtliche und wirtschaftliche
Außenwelt ausgetestet hat, die Seele ebenfalls eine Erfahrung
gemacht.

Ich gehe in meiner Weltvorstellung davon aus, dass alles was
ich sehe und jeder Mensch auf dieser Erde kleine
Fadenstränge einer gemeinsamen großen Seele sind.
Jeder einzelne Fadenstrang / Abschnitt hat sich endschieden
gewisse Erfahrungen durch den Körper als Instrument,
auf der Erde als Plattform erleben zu wollen.
Jeder Fadenstrang der Seele hat ebenfalls vorher mit den
anderen Fadensträngen Verträge geschlossen, über die
Erfahrungen die sie in ihrem Leben und auf dieser Erde
gemeinsam machen möchten, noch bevor sich jeder einzelne
Seelenstrang entschieden hat, in seinen gewählten Körper zu
inkarnieren.
In der Genetik sind auf Schwingungsebene der Atome diese
Informationen in der DNA enthalten. In meinem Bewusstsein
befinden sie sich in der Akasha-Chronik.

Bildlich stelle ich es mir so vor, wie wenn ich ein sauberes
Taschentuch auf die Fingerspitzen meiner ausgestreckten
Hand lege und Löcher rein mache an den Stellen,
wo meine Fingerspitzen das Taschentuch berühren,
drücke ich dann das Taschentuch die Finger herunter,
bekomme ich 5 verschiedene Finger die beweglich sind,
aber augenscheinlich durch das Taschentuch voneinander
getrennt sind.
Alle Finger einzeln betrachtet, sind sie unterschiedlich in ihrer
Größe, Form, Bewegungsfreiheit und ihrer positionierten
Grundfunktionalität. Nehme ich das Taschentuch wieder weg,
kann ich sehen, dass alle Finger zusammen einen großen
Körper angehören. Ich kann beobachten das meine Finger
nicht  nur mit meiner Handfläche verbunden sind, sondern
die ganze Hand mit dem Arm, dieser mit dem Oberkörpers,
welche diese Erfahrung durch die Verbundenheit der
Körpermitte auf die andere Seite meines Körpers spiegelbar
macht.

Es gibt eine identische Linke und Rechte Seite, verbunden
durch ihre Mitte. Ähnlich wie eine Münze, seitlich betrachtet.
Betrachten wir unseren Körperbau auf der Knochenebene,
dann ist der Körper so aufgebaut, dass die beweglichsten
Glieder ebenfalls die feinsten sind.
Positioniert sind sie an den äußersten Stellen des Körpers
(Hände / Füße) und in der Mitte (Wirbelsäule).

Wenn ich diese Informationen jetzt auf die wissenschaftliche
These der Spiegelneuronen (Nervenzellen) übertrage,
dann bin ich der Durchschnitt der 5 Menschen die mich
umgeben, je öfter ich also Zeit mit Jemandem verbringe,
desto mehr passen wir uns einander an.
Wir lernen zusammen zu funktionieren.
Wenn mehrere Frauen regelmäßig Zeit miteinander
verbringen, dann passt sich ebenfalls ihr Menstruationszyklus
aneinander an.

Wir Menschen tauschen uns auf Aura-Eben aus und gleichen
uns aneinander an.

Im Handgelenk sitzen sehr viele Nervenpunkte und einzelne
Nervenzentralen, die die erlebten Erfahrungen der
Handfläche, durch den Tastsinn und das Fühlen, durch den
Karpaltunnel weiter in den Kreislauf des Körpers schleusen.
An dieser Stelle end-steht eine elektromagnetische
Bündelung, Komprimierung und Selektion.

Sind die Faszien und die Bewegung in der richtigen
Schwingung und fließen, so empfängt unser Gehirn einen
Datensatz, der auf Erfahrungen, Diagnostik und
Differentialdiagnostik aufgebaut ist.

Diese Reize gehen durch das Gehirn Suchraster und verbinden
sich mit den Synapsen-Schnittmengen aller Selbsterlebten,
durch andere Menschen mit-er-lebten,
durch die Schnittmengen der Erfahrungen unserer 5
Menschen (dessen Durchschnitt wir sind) und alle
Gegenteiligen Erfahrungen im Ausschlussprinzip.

-> Es entsteht ein Gemälde in meinem Gehirn, durch mein
drittes Auge, welches sich durch die Sicht-Luke meines
körperlichen Auges sichtbar macht und zeigt.
Was ich sehen, hören, schmecken, riechen und fühlen kann,
das nimmt mein Gehirn als Wahrheit an.
Ist zum Beispiel genau diese mehrspurige Nervenzellen-
Autobahn in meiner Hand (Karpaltunnel) in meinem Körper
mit Baustellen versehen, so erhalte ich auch genau diesen
Output in meinem Gehirn.
Sehe ich die Baustellen als freundlichen Hinweis meines
Körpers, dass dort etwas nicht stimmt und repariert werden
muss, dann hole ich mir mein Immunsystem des Körpers zur
Hilfe, wie helfende Freunde, die mir bei der Renovierung der
Baustellen helfen. Ich erkenne das Wachstumspotenzial an
genau dieser Stelle und das ich meine Autobahn ändern muss,
damit nicht genau das gleiche wieder geschieht.
Mir wird ebenfalls bewusst, welche Auswirkungen diese
Baustellen auf meinen Körper haben.
Mit dem Bewusstsein, das alles zur rechten Zeit am rechten
Ort geschieht, verändere ich mein Leben, sodass keine
Baustelle mehr entstehen kann an dieser Stelle.

Ich bin meinem Körper sehr dankbar für den Hinweis, dass er
mir gezeigt hat, dass mein jetziges Verhalten zu Baustellen
führt und freue mich auf die Veränderung meines Lebens,
nach der diese Baustelle nicht mehr renoviert werden muss.

Ich bin erfüllt von Liebe.
Ich liebe mich und meine Welt.
Für mich ist der Körper so transparent wie Dunkelheit im Licht
und Licht in der Dunkelheit.
Yin und Yang.
Für mich ist die Farbe Schwarz so voll-kommen,
wie die Farbe Weiß. Und andersherum.
In der Farbenlehre gelten sie nicht als „Farben",
für mich persönlich sind sie das Sinnbild und die Grenzen aller
möglichen Farb-Pigment-Mischungen der Evolution.
Sie beinhalten alle anderen Farben und doch keine,
oberflächlich mit dem Auge betrachtet.
Sie ergänzen sich, greifen ineinander ein
und bestehen aus demselben Material.

Vergleiche ich das Innere des „Schwarz und Weiß"
mit einem Konzert, geschieht eine ganz andere Organisation
und ein anderer Zyklus hinter den Kulissen,
als tatsächlich beim Event.
Je genauer und abgestimmter diese Organisationsprozesse
ineinander übergehen, können sie sich reibungsloser
unterstützen. So wie sich der Sänger, bei einem gut
eingespielten Team, vor und auf der Bühne nur auf seine
Stimme konzentrieren kann während eines Events,
so hat jedes einzelne Pigment seine Aufgabe und seinen
Blickwinkel, und kann so Eingreifen, wenn Gefahr, oder
Ungleichgewicht auftritt.

Erweiterung der gemeinsamen Erfahrung, tiefere
Verbundenheit, größere Schnittmenge und Wachstum durch
Ereignis-Evolution.

Mischt man alle Pigmente in einem Gleichgewicht,
der Erzeugung der Reibung und Verbindung, der Auflösung
und Bewegung zusammen, so bekommt man bei einem
gleichmäßigen Mischverhältnis die Farbe Braun (Erde),
welches sich noch dunkler färben lässt durch die Farbe Blau
(Wasser) und Rot (Feuer).
Häufe ich nun noch mehr Pigmente der Natur zusammen
(wachsende Masse), so erhalte ich das Ergebnis der
„revolutionären Erde".
Welche der Witterung überlassen, über Jahrhunderte zu
Mineralien, Spurenelementen und weitergehend zu Steinen
wird.
Über den Verlauf ihres Exponentiellen Stoffwechsels,
dem Wachstum und der Verbundenheit mit der Umgebung,
dann  zu einem Gebirge.
Das Gebirge kann zu einem Vulkan werden, wenn es zu viel
Hitze in sich gefangen hat, oder zu viel Feuer aus sich selbst
heraus aus der Reibung produziert.

Die Pigmente der Farbe Rot (Blut - Feuer) gebunden mit
Blau (Wasser - Lymphe), die den Antrieb beschleunigen in
einem Raum (Körper - Gebirge), indem sie exponentiell
wachsen und sich verdichten.
Wenn der Break-Even Point erreicht ist, in der Wirtschaft der
Moment an dem die Investition, den Gewinn erntet.
Das Produkt hat gelernt sich selbst zu tragen und beschert nur
noch Geschenke.

Reichtum = Wachstum.

In meiner Weltvorstellung, auf der Ebene der Molekular-
Physik, spiegelt sich nach dem Break-Even Point die
Bewegungsrichtung.

Sie hat ihr Maximum an Ausdehnung erreicht
und verdichtet sich in ihre einzelnen kleinen Atome zurück zu
ihrem Ursprung.
Auf einem mathematischen Achsenkreuz in einem anderen
Vektor sichtbar.
Die Veränderung geht den ganzen Weg zu-rück,
mit der Erfahrung inne,
dieser kann die gleiche Geschwindigkeit haben,
oder sich durch meinen Willen (Zeit ist relativ) abkürzen.

Wie Karma.

Und noch tiefer auf der Molekular-Ebene betrachtet,
gelangt jedes Pigment letztendlich zu seinem ursprünglichen
Element zurück.
Zurück zur reinen DNA der Natur.
Die Pigmente werden zu ganz feinen kleinen edlen Steinen,
aus dessen Schwingung sie ein Teil sind.
Auf einer anderen Ebene in meiner Welt, ordnet sich die Welt
innerhalb der Welt neu.
Wie beim Wechsel von Mond zur Sonne, der Nacht zum Tag,
die Dunkelheit in seiner schönsten Pracht,
bis hin zum strahlend hellsten Licht.
Wenn sich jedes Pigment jetzt zu einem Ursprungselement
verdichtet, dann Wird Wasser zu Wasser,
Stein zu Stein, Feuer zu Feuer, Luft zu Luft.

Ich vergleiche nun die Farbe Schwarz,
als Sinnbild eines Berges-Inneren,
in seiner verdichteten Stärke,
mit dem transparenten klaren, weißen Wasser
in seiner fließenden Bewegung.

Wenn diese Beiden extrahiert in einem Raum
isoliert sind und sich gemeinsam
in ihrer maximalen Dichte ausbreiten und verbinden,
dann entsteht in meiner Vorstellung das klarste Wasser,
welches durch maximalen atomaren Druck im Raum (Berg),
sich zu einem Diamanten formt.

Ein Kristall, der aufgespalten im Licht der Sonne,
alle Spektralfarben beinhaltet, welches die gesamte Erde,
der Berg und das Wasser in sich tragen.

Ein Diamant Lichtspektakel, meiner eigenen Natur-Farben.

Licht, Sauerstoff, Höhe.

Vergleichbar mit dem Gefühl,
wenn man einen Riesen berg erklommen hat,
indem man bis an die Grenzen seines Körpers und
Verstandes gegangen ist, mit der Motivation
eine grandiose Erfahrung des Körpers, Geistes und Seele
zu machen in vollkommener Loyalität zu und mit mir Selbst,
welche gleichzeitig meine Außenwelt ist -
An der Spitze des Berges habe ich eine ganz neue Erfahrung
der Achtsamkeit für mich erobern können und die Aussicht
lässt die Zeit für einen Moment stehen.
Ein neues Lebensgefühl, meine Augen können einen neuen
Blickwinkel der Welt sehen, meine Lungen können mehr
Sauerstoff aufnehmen, mein Körper ist gewachsen.
Mit dem Bewusstsein des Mutes, diesen Weg gegangen zu
sein, durch die Liebe, das Durchhaltevermögen während des
Prozesses.

Ich vergleiche es mit meinem Fallschirmsprung,
bei dem ich nicht den Mut verloren habe,
obwohl die Angst und das Risiko sehr hoch waren.

Wer nicht wagt der nicht gewinnt.
So bin ich an die Situation herangegangen,
entweder Tot oder Lebendigkeit,
aber definitiv anders als jetzt.

Trockenübung gemacht, Sicherheitsbelehrung bekommen,
fest geschnallt sitzend im Tandem.
Die Luke öffnet sich,
es ist unfassbar laut.
4.000 m Höhe.
Der Count Down 3,2,1…los

Sprung und Flug

Ich höre auf einmal nichts mehr als meinen eigenen
Herzschlag in einer dröhnenden Lautstärke
und einem inneren Rauschen,
welches lauter ist als das Geräusch der Flugzeugpropeller.
Ich fokussiere mich darauf meinen Mund (Lippen)
geschlossen zu halten, weil der freie Fall eine
Erdanziehungskraft von 200 km/h verursacht und meine
Wangen an ihre Belastungsgrenze treiben.
Der Fallschirm geht auf
und für den Körper ist es wie eine Vollbremsung,
die Augen und der Gelichgewichtssinn sind irritiert.
Hier prallt hochbeschleunigte Masse auf Stillstand in der Luft.
In meinem Körper befinde ich mich gerade jetzt in der
Prüfung. Sind alle Sicherheitsbedingungen noch gegeben?
Jeder kleine Mangel kann zur Katastrophe
und zum Tod führen.

Durch die Öffnung des Fallschirms ergab sich ein Rucken,
welches mich im Bereich der Leiste so eng in den Gurt
geschnürt hat, dass ich meine Beine nicht mehr bewegen
konnte.
Mein Wurzelchakra war aus seinem Gleichgewicht geflogen.
Ich befinde mich nun also in ca. 1.500m Metern Höhe über
der Erdoberfläche vor der Entscheidung,
den Gurt auszuziehen, was ebenfalls bedeutet die 2
Sicherheitsschnallen mit denen ich an meinen Tandempartner
geschnallt bin im Beckenbereich zu lösen, oder bei der
Landung zu erleben, was meinem Körper noch so geschehen
wird.

Ich bin ca. 1500m über der Erdoberfläche.

Ich atmete ganz bewusst tief ein und sehr tief wieder aus
um den Moment der Zeit in meiner Wahrnehmung maximal
auszudehnen. Ich stelle mich auf die Zehenspitzen meines
Tandem-Partners, löse die Schnallen und bin mir vollkommen
dessen Bewusst, dass ich so ebenfalls meine Beine
zertrümmern kann bei der Landung, ich sterbe,
oder alles am Ende Gut ausgehen wird.
Diese Erfahrung hat sich definitiv in mein Bewusstsein
eingebrannt, ebenso in meine Epigenetik,
vielleicht sogar in meine Genetik.

Ich vertraue darauf das alles zur richtigen Zeit so geschieht
wie es für mich zu meinem Besten dient.

Wir kommen der Erdoberfläche immer näher,
ich hebe die Beine soweit es mir möglich ist und wir landen.

Es ergab sich eine kleine Prellung,
die ich mit voller Dankbarkeit und Liebe gepflegt habe.

Vergleiche ich diese Erfahrung mit der Vorstellung des
Wachstumsprozesses des Diamanten im Berg,
dann sehe ich den Weg vom Berg ins Tal hinunter,
als eine Art Feinschliff meines Diamanten,
in die Form meiner eigenen ganz individuellen
Schwingung und Frequenz.
Mein Diamant, in seiner vollsten Strahl-Kraft,
meine Individualität.

Münze ich diese Erfahrung und dieses Bild nun um auf die
Körper-Dimension,
so ist mein Körper der Berg,
mit dem Diamanten als Herz Strahl-Kraft und
dem Weg der Entwicklung die Höhen und Tiefen des Tals,
emotional spürbar,
durch meinen Herzschlag und meine Vitalwerte.
Die Bergspitze ist der höchste Punkt der Materie Stein,
das Tal die Schnittmenge zwischen Erde und Luft
und der Fluss die Heimat des Diamanten.
Wasser, welches fließt und die Erde nährt, damit sie blühen
und neue Farb-Pigmente erschaffen kann.

Tag 5

„Alles was ich mir vorstellen kann, wird sich mir irgendwann „Vor"-„Stellen"." (angelehnt an das Zitat von Pablo Picasso)

„Ich bin meines Glückes Schmied"
(angelehnt an das Zitat von Appius Claudius Caecus (350 bis ca. 280 v. Chr.))

Meine Antriebskraft ist der Fluss und ich der Fisch im Fluss.

Ich bin der Diamant, der Berg, der Fisch und das <u>Wasser</u>.

Ich bin meine Welt und in ihr drin.

Ich bin der Vogel im <u>Wind</u> und das <u>Feuer</u> der Wärme.

Ich bin aus Liebe,
ich bin **Liebe** und
ich vermehre Liebe.

Nach der Spaltung der Atome bin ich die Evolution.

Ich bin der Urknall,
die Spaltung,
der Kern und
die Frucht.

Ich bin das Gerüst einer mehrstöckigen Torte.

Ich bin die Zutaten,
ich bin die Verbindung der Zutaten.
Ich bin jede Zutat für sich,
die einzelnen Elemente in der Torte
und die ganze Torte.

Ich bin der Boden und
die Füllung.

Ich bin das Ei und das Huhn,
das Eigelb und
das Eiweiß.

Ich bin die Zuckerrübe und die Kristalle,
ich bin der Zucker
und die Süße.

Ich bin die fruchtbare Erde – der Boden
und die Ehre,
ich bin das Korn und
das Mehl.

Ich bin geben und empfangen,
über alle körperlichen Generationen.

Ich bin die Kuh
(heilig im Hinduismus – Sie symbolisiert Mutter Erde,
da sie alles liefert was wir Menschen zum Leben brauchen/
Krischna, Krebs, Kerstin / Sie war als Kind Rinderhirte und ist
Beschützer der Kühe, des Heiligen. Heilig global gesehen im
alten Ägypten und bis heute in Indien.
Rinder, Kühe, Stiere, Ochsen sind Gradmesser des Vermögens
in diesen Gebieten)
und die Milch.

Ich bin die Mutter,
die Milch und
das Kind.

Ich bin die Milch,
ich bin die Butter,
ich bin die Buttermilch,
und die Sahne.

Ich bin die Flüssigkeit
und die Masse.

Ich bin der Eigengeschmack jeder Zutat an sich
und jeder ihrer einzelnen Geschmacksnuancen
in jedem einzelnen exponentiellen Moment
ihrer Verbundenheit.

ich bin jedes einzelne Element
und der Raum.
Ich bin der Mixer und
die Rührschüssel.

Mit den Augen kann ich sehen wie in dem Roller-Coster die
Zutaten „extra Runden" nach vorne geschleudert werden.
In meinem Kopf entsteht die Erinnerung, wie ich als kleines
Kind an den Armen und Händen festgehalten durch die Luft
gedreht wurde, sich selbst um die eigene Achse drehend
horizontal. Von Oben sieht es aus wie ein Propeller,
oder so wie ein Gänseblümchen auf einer freien Wiese.

Die Obensicht in die Rührschüssel hinein betrachtet.
Ich bin das exponentielle Wachstum, ich bin die Antriebskraft,
ich bin die Reibung, der Abstoß und die Verdichtung.

Ich bin das Natron,
Ich bin das Natriumhydrogen-Karbonat = NAHCO3,
die Kohlensäure,
die die Bubbles macht (Zellwachstum-Seifenblasen).
Ich bin das Backpulver und
das Kaiser-Natron.
Ich bin aus dem Salz der Erde und dem eingefangenen Wind
der Luft.

Ich bin der Geschmack
und das Aussehen.

Die Theorie und
die Praxis.
Ich bin die Torte und
die Kirsche oben drauf.

Ich bin der Schöpfer
und der Genießer.

Ich kann machen das Süßes noch süßer wirkt
und im Mund durch Osmose das Süße
direkt durch den ganzen Körper strahlt,
wenn ich nur ein bisschen von mir verstreue.
Ich bin der Geschmack auf der Zunge.
Ich bin die Konsistenz und die Geschmacksexplosion
meiner Mundrezeptoren,
mit dem Rausch im Gehirn
und der Wirkung im Körper.

Ich bin die Vision meines Verstandes,
wenn die Zutaten auf meinen Verstand einwirken.

Ich bin das Gefühls-Erlebnis, wenn ich meine Finger in die
Teig-Rührschüssel stecke um den Teig zu probieren,
um zwischendurch die Konsistenz zu prüfen.
Ich teste die Eigenschaften der Masse durch die Bewegung
der Finger zu meinem Mund.
Ich kann die Konsistenz und ihre Beweglichkeit sehen,
fühlen, tasten und schmecken.
Ich erlebe das neue Ergebnis (Evolution)
Haut-nah, live-dabei,
als Schöpfer und Henker.

Nun mische ich all das Wissen und die Erkenntnisse
meiner Erfahrungen zusammen, so bekomme ich ganz getreu
dem „Kaiser-Natron" einen „Wiener-Boden".

Königlicher Stoff also.

Wenn dieser sich durch die Antriebskraft meines Backofens
(welcher ebenfalls ich bin)
zu seiner maximalen Kraft ausdehnt und wieder abkühlt,
mache ich es mit der Sahne genauso in der Herstellung.
Ich fühle wer ich bin, ich visioniere mein Ziel und fühle die
Zusammensetzung, bei der Umsetzung im „hier und jetzt".
Ich bin der Schöpfer,
der Empfänger,
der Genuss und
die Erinnerung.


Ein alter Aberglaube / „Ahnen-Wissen" besagt,
wenn man Salz verschüttet gibt es Tränen.

Ich bin die Freuden-Träne und die Traurigkeits-Träne.

In meiner Vorstellung ist Weinen mechanisch betrachtet,
wie Druck ablassen.
Aus den Augen der Liebe betrachtet sehe ich diesen
Druckausgleich als Geschenk, denn ab dem Moment weiß ich,
es ist seelisches Schwitzwasser und ich bin Neu-geboren.
Wie kochendes Wasser im Wasserkocher,
welches sich entscheidet mehrere Phasen
seines Seins zu durchlaufen und
sich individuell auszudrücken.
Das Wasser ist in Zimmertemperatur (Wolkenkratzer),
mit Strom (Energie)
in einem geschlossenen stabilen Raum (Körper),
mit einem Druckventil (drittes Auge),
welches uns durch das Resonanzprinzip (Thermostat/Pfeifen)
die innere Temperatur anzeigen kann.

Wo befinde ich mich innerlich jetzt gerade?

In meiner Vorstellung spaltet sich das Wasser auf und je nach
Aggregatzustand verteilen sich die  Anteile im Raum,
wie meine Aura und Schwingung.
Ein Anteil wird zu feinem sichtbaren Dampf,
im direkten Verhältnis zur Temperatur.
Ein anderer Anteil wird in Form von Energie -Luft Blasen
durchdrungen.
Ein anderer Anteil hält sich als Flüssigkeit zusammen.

Ich erweitere um das Element Luftraum und schütte das
Wasser in eine Tasse, so bestimme ich durch die Bewegung
meines Körpers, den Fluss und die Bewegung des Wassers.
Folge, Ursache, Folge-Prinzip für den Körper (Kinesiologie,
Atomare-Frequenz-Stimmung).

In der Tasse reagiert das Wasser von Außen nach Innen,
zuerst abkühlend im Verhältnis zum Ursprung,
bis es die Raumtemperatur angenommen hat.
maximale Anpassung.

Ich wähle Kirschtee und gebe den Teebeutel ins Wasser.
Wie sich Wasser mit Geschmack verbindet,
in einem Farbenspektakel für die Augen.

Wie Wasser und Blut, wie das Herz-Kreislauf-System und das
Lymphsystem. Dieses Bild lässt in mir drin das Wunder des
Menschen erkennen.

Wie Eis und Feuer, wie ein Diamant und Hitze.

So stelle ich mir vor, wie das „Weinen" nach dem Verschütten
von Salz, ein heilender gefühlvoller Druckausgleich ist, der
Wärme hinterlässt.

Ein Anteil meiner Ahnen verabschiedet sich durch
Freudentränen, die salzig sind,
aber auf der Haut vor Außeneinwirkung schützen
und sie kühlt und nährt.

Ein Zeichen der Schutzengel meiner Ahnen
in einem Prozess gerade in mir drin,
durch mich hindurch bis nach Außen,
sichtbar als Tränen.

Tränen die sich durch mich hindurch gearbeitet haben,
praktisch durch die Tränendrüse hindurch und feinstofflich
aus der Essenz meines Körpers.
Verbunden in mehreren Ebenen von Zeit und Raum.

4 Dimensionen, 4 Ecken, 4 Quantenebenen.

Viereck im Kubismus,
Quadrat in der Geometrie,
Achsenkreuz in der Mathematik,
Funktion in der Physik.

Ich bin Ich.

Und ich bin das göttlich heilige Event,
die reine praktische Eva-olution,
die Schöpferin und
die Schamanin.

Die Leichtigkeit und
die Chronik des Wissens.

Ich bin mein Kunstwerk und
meine Hochzeitstorte.

Ich bin die Kraft und
jede einzelne Zutat.

Ich bin das Gleichgewicht.

Ich bin Krebs.
Ich bin ein Geschwür
und ein Gespür.
Ich gleiche aus.

Ich bin Wasser
und Feuer,
ich bin Erde
und Luft.

Ich bin Taube und Adler, Rabe und Elster.
Ich bin Käfer, Marienkäfer, Grashüpfer und Spinne.
Ich bin Silberfisch, Hai, Oktopus und Karpfen.
Ich bin Drache, Satan, Gepard und Schlange.

Ich bin alle Elemente,
ich bin alle Planeten,
ich bin alle Sterne,
ich bin alle Zeichen.

Ich bin Wassermann, ich bin Fisch, ich bin Widder,
ich bin Stier, ich bin Zwillinge, ich bin Krebs,
ich bin Löwe, Ich bin Jungfrau, ich bin Waage,
ich bin Skorpion, ich bin Schütze, ich bin Steinbock.

Ich bin Mann und
ich bin Frau.
Ich bin Queer,
ich bin Divers.

Ich bin Individuum und
ich bin das All-Es.

Ich bin das Schwarz und ich bin das Weiß.
Ich bin der Kugelschreiber und das Papier.

Ich bin der Gedanke, die Vision,
die Umsetzung und der Ursprung.

Ich bin Alpha und Omega.
Ich bin Ich.

Ich bin stolz auf mich und ich bin fähig zum Ausgleich der
Energie.

Ich bin mir,
meiner selbst und
Bewusst-sein.
Ich bin All-umfassende Liebe.

Ich bin die Augenhöhle,
der Spiegel, der Krieger
und der Feind.

Ich bin das Gleichgewicht.

Meine Natur
ist die Balance
zwischen Sand-Strand und
Meeres-Ozean.

Ich bin die Liebe wo Rache herrscht.

Ich bin die kühle Brise wo Hitze raucht.

Ich bin Kälte und Wärme,
ich bin Leiden und Schaffen.

Ich bin Hund, Katze, Maus und das Haus indem sie wohnen.

Ich bin Werwolf und Fledermaus,
ich bin Mietzekatze und Raubtier.

Ich bin Jäger und Sammler.

Ich bin Tier und Pflanze.

Ich bin unsterblich, die Unsterblichkeit und
Unsterblichkeitskraut.

Ich bin Sonnengesicht und Mondgesicht.

Ich habe ein strahlendes Lächeln und bedrohliche Reißzähne.

Ich bin Asche, der Phönix und mein Phönix aus der Asche.

Ich bin Ver-rückt, aus einem Raster betrachtet.

In der Evolution der Gefühle, exponentiell verschoben in der
Entwicklung.

Ich bin voller Emotionen, die ich voller Liebe annehmen kann.

Und ganz nebenbei einfach nur ich selbst.

Transparenz ist mein Steckbrief, Fairness meine Tugend,
Geborgenheit mein Ursprung und Ziel, Ehrlichkeit mein
Fundament der Liebe.
Treue meine Ehre, Loyalität meine Verbindung, Offenheit
meine Photosynthese und Vertrauenswürdigkeit meine
Stärke.

Meine Superkraft ist meine mediale Transparenz.
Meine Superkraft ist meine Intuition und meine Sensibilität.
Meine Superkraft sind mein Herz und meine Gefühle.

Ich bin der Beamer und die Leinwand.
Die Software und der Strom, der Betrachter und der Film.

Ich bin die Rose und der Stachel. Ich bin Rosa und Grün.
Ich bin Leben, ich lebe und ich bin lebendig.

Ich bin das lebendige Leben.

Und nebenbei ganz einfach...

...nur ich selbst.

„Takie jest życie"

(Klaudia Kopiasz)

Tag 6

<u>Lernkurve der Herzöffnung</u>

Wenn mich etwas innerlich zum Kochen bringt,
es sich in mir reibt. Neue Wut der Situation auf mich über
geht, oder schon auf mich selbst übergegangen ist, nehme ich
sie mit. Ich isoliere die Schwingung dann irgendwo anders hin,
an einen neutralen Standpunkt und sehe sie mir genau an.
Ich nehme mir bewusst Zeit um es in mir drin zu klären, bevor
ich weiter im Außen Erfahrungen mache die mich noch weiter
belasten.

Über welche ich sowieso nur mich selbst beschwere.
Ich handele nach dem Pareto-Prinzip.
Ich kanalisiere meine Energie (20%) in alle Quanten der
Situation und durchlaufe in meinem Unterbewusstsein die
vorangegangenen mir bekannten Prozesse (80%).
100% sind dann das Ergebnis der „oberflächlichen"
Quantentheorie der Situation meiner Wut.

Dieser Prozess sieht in meiner Welt wie folgt aus:

Q1

|  |  |
|---|---|
| Was reibt und triggert mich? | Warum reibt es mich?<br><br>Aus den Augen der Liebe, was habe ich gerade zu lernen? |
| Wie löse ich die Situation und die Gefühle auf? | Ich kommuniziere ehrlich und liebevoll meine Sichtweise und Bedenken.<br>Ich verstehe mich,<br>ich verstehe die Situation,<br>ich verstehe die Ursache und die Wirkung. |

Sehe ich dieses Quantenfeld in mir aus einem Break-even
Point (Evolutionsmoment / empirische Erhebung),
dann erhalte ich eine Matrix an Spiegel-Achsen.
Mit dem dazugehörigen Datenträger – Informationssatz.
Sie spiegeln sich nicht nur um das Achsenkreuz horizontal und
vertikal, sondern auch diagonal.
f(x)= Dynamik

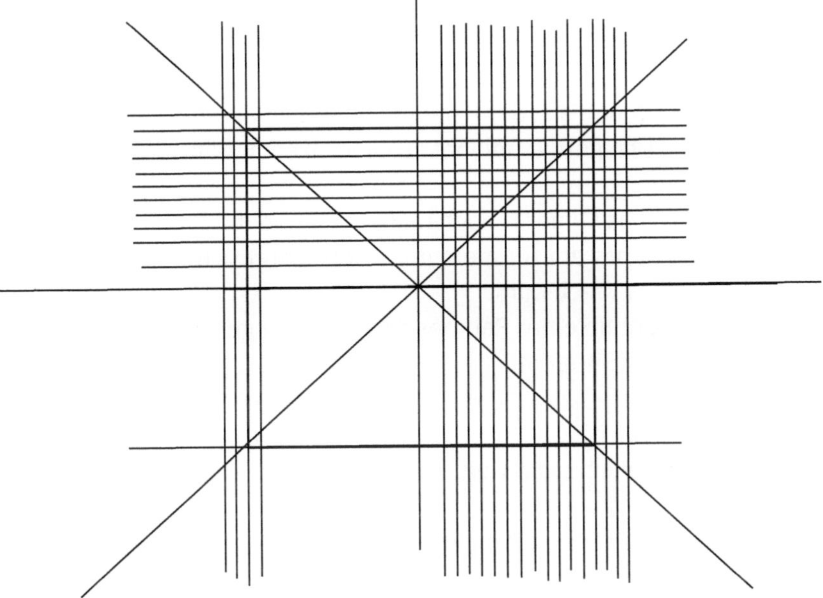

Es entsteht ein Raster aus mehreren sich übereinander
lappenden Matritzen. Verschiedene Vektoren und weiterhin
einzelne kleine Quantenfelder.
In der physikalischen, chemischen und biologischen
Dimension, auf verschiedenen Ebenen innerhalb diesen
Raumes.

<u>Beobachtungen:</u>

Aus einer Funktion wurde ein Beginn.

Sterne (Break-even-Points) verteilen sich in alle Richtungen zu gleichen Teilen (Wachstum) und Abständen.

Ein neues Quadrat ☐ entsteht, ein Raum indem ich eine abgeschlossene Entwicklung beobachten kann.

Es entstehen Dreiecke △ weil ebenso wieder Spiegelungen und Teilungen entstehen.

Beobachte ich nun aus der Perspektive des Quadrates, dann hat es sich geteilt und hat aus 4 Winkeln 6 Winkel gemacht.
Spiegelt sich das Quadrat noch mal in sich und die Dreiecke ebenfalls, so entsteht für mein Auge betrachtet sichtbares exponentielles Wachstum.
Ich sehe innerhalb eines Raumes den genau gegen gepolten Blickwinkel der Situation.

Was triggert mich?
Womit triggere ich mein Gegenüber?

Beide Seiten der DU - alität ganz für sich allein aus der Perspektive des anderen betrachtet.

Ich verbinde beide Seiten miteinander und es entsteht ein
3 schenkliges Dreieck.
Es steht stabil, da es sein Gewicht von Innen gleichmäßig auf
seine 3 Beine verteilt.

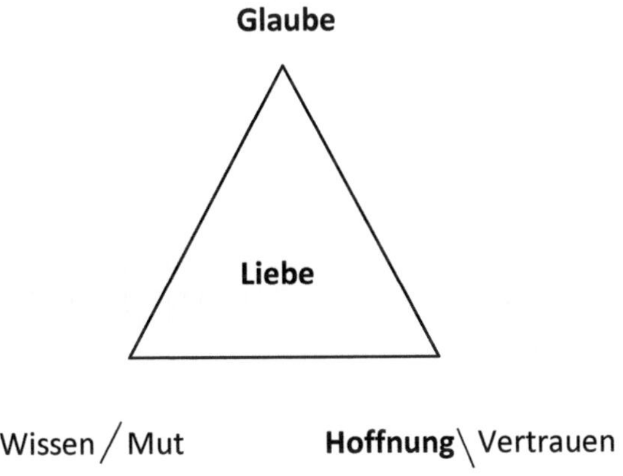


Aus meinen Augen der Liebe betrachtet,
kann ich Frieden finden mit der Situation und verstehe was
dem Prozess voran gegangen ist.
Ich kann in einen neuen Wachstumszyklus gehen.

Lege ich nun das exponentielle Wachstum über diese Raster
Matrix, dann kann ich sehen, wie sich der „goldene Schnitt"
breit macht.

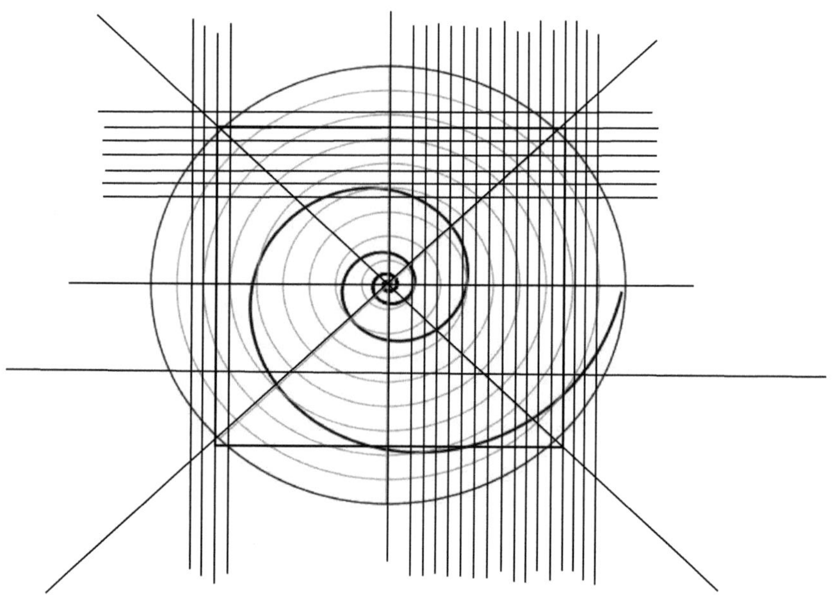

(Angelehnt an Leonardo Fibonacci)

Mit dem Verständnis der verschiedenen Perspektiven schaffe
ich in mir drin das Gleichgewicht meiner Polaritäten.
Widerstand, Akzeptanz, Vergebung, Neuanfang.

Sehe ich mir die Zeichnung genauer an, erinnert sie mich an
mein Auge und meine Pupille, die von außen „Schwarz" ist,
aber die „Licht"-Linse, aus der Sicht meines Auges nach außen
betrachtet.

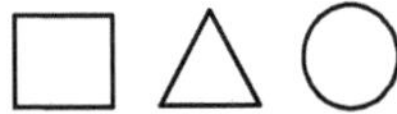

Alpha und Omega und der Raum in dem ich die Masse messe.

Zusammengefasst zeigt mir diese Quantentheorie das sich
alle kubistischen Formen miteinander, voneinander und
durch-einander neu erschaffen.
Somit ist jede Situation genau so, wie sie sein soll und wie sie
gemeint ist, durch ihren evolutionären und revolutionären
Wachstumszyklus der eigenen und Gesamtenergie.
Das Runde passt also ins Eckige und das zum Quadrat.

$a^2 + b^2 = c^2$  - eine runde Sache.

Nichts ist also Zufall und ganz gewiss nicht so,
wie es im ersten Moment scheint.
Und mit Sicherheit in stabiler Bewegung.
Ich bin der Diamant, der seinen Weg vom Berg inneren nun
ins Licht geschafft hat.
Das Feuer ist die Leidenschaft.
Wut und Zorn Antrieb sich mit der Liebe im Detail zu
befassen. Das brodelnde Feuer, entfacht aus Liebe zur Wut
und zum Zorn.
In ihrem Element ist es warm und kochend.
Düsenantrieb und Vollbremsung.
Ganz direkt durch eine Flamme, oder indirekt durch
Bewegung.

Dieser Mechanismus lässt sich auch direkt auf den Körper
ummünzen.
Habe ich Entzündungsherde im Körper, dann habe ich
Schmerzen die unterschwellig das Hockerbein meiner guten
Laune ansägen.
Ist mir kalt, dann kann ich durch Bewegung des Körpers
Wärme erzeugen.
Ich bin also meiner eigenen Wärme´s-Schmied.
Des Glückes sowieso.

Faszinierend was ich alles kann.

Bewundernswert woraus ich bin.

Erstaunlich was ich noch alles werden kann.

Göttlich, wie universell Heiligtum ist.

Ich bin mein Gott und mein Teufel,
ich bin der Fels in der Brandung und das Wasser was es dazu
macht.
Ich bin rechts und links.
Ohne mich gäbe es meine Welt gar nicht.
Ich bin der Künstler auf meiner Bühne.
Der Mittelpunkt meiner Welt.

Habe ich meine Augen offen, sehe ich meine Welt im Licht.

Schließe ich meine Augenlieder, kann kein Licht mehr
eindringen und ich sehe mein Bild im Dunkeln mit meinem
inneren Auge.

Egal wie, meine Welt existiert… ich kann sie fühlen.

Wenn ich etwas mit verschlossenen Augen fühle, was ich
vorher gesehen habe, dann kann ich mir beim Vorstellen die
Bestätigung holen, das es wirklich existiert.
In meinem Kopf entsteh ein zwei dimensionales Bild, aus zwei
eindimensionalen Erfahrungen der Sinnesorgane in ihrer
Ursprungsfunktion.
Kommt noch der Duft dazu, sowie der Geschmack,
das Gewicht (Gleichgewichtsorgan) und das Geräusch dazu,
welches es erzeugt, welches es in Verbindung mit mir
entsteht, oder wenn es sich bewegt, dann wird es immer
realer vor meinem geistigen Auge.
Es entsteht ein Synapsen-Erfahrungsraster.

Diese Achtsamkeit hat mich gelehrt, dass ich mit diesem
Prozess jederzeit Gegenstände, Personen, Orte und
Situationen in meiner Welt sehen und entstehen lassen kann.
Ich integriere und verbinde meine Erfahrungen mit der Welt
im Außen und inneren.
Weiter aus der Vogelperspektive betrachtet, erfülle ich
ebenso im Gesamtgefüge der Welten-Welt genau meinen
Platz, so wie ich bin, mit meinen Gaben und Fähigkeiten.
Ich bin ein Teil davon, ohne den es diesen Ort gar nicht geben
würde.

Habe ich meine Augen offen kann ich in der mittleren
Entfernung (operatives Management) einen Baum sehen,
eine Birke auf dessen Spitze abwechselnd Tauben-meetings-
statt finden, mal Elster-Treffen, mal Raben-Besprechungen
und mal Spatzen-Spielplätze.
Ich kann sehen das sich die Vögel in ihrer waren Natur
bewegen, auch kann ich mit dem Auge die Entfernung
berechnen, mit dem Körper die Bewegung der Luft.

Mein Körper lässt mich eine 3-Dimensionalität erschaffen.
Das Bild ist durch meine beiden Augen, durch das Licht,
welches hindurch meine Pupillen leuchtet entstanden.

Ist das was ich denke zu sehen nur ein Foto von meinem
Geist, wenn ich meine Augen nur eine Sekunde offen habe
und wieder schließe?

Meine Sinne konstruieren es mit meinen Nerven der
Spiegelneuronen auf der inneren Leinwand.
Logisch, es geschieht ja mit meinem Verstand.

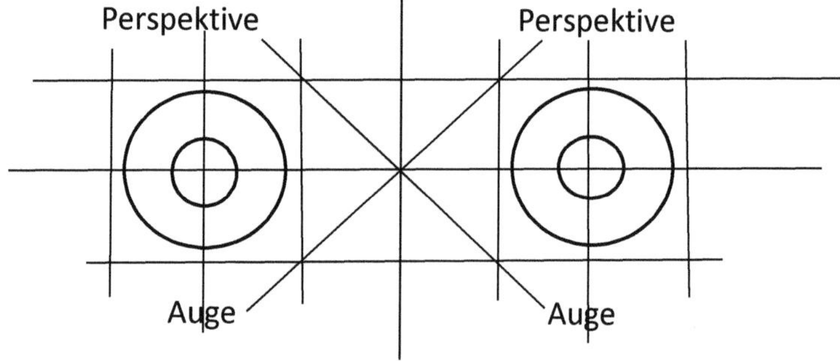


Fakt ist, ich kann nie Sicherheit haben, wenn ich es nicht
kontrolliert habe, sagt der Verstand,
ähnlich zum Höhlengleichnis von Platon.
Die Logik weiß allerdings zu dem Zeitpunkt schon, dass das
Ergebnis des Bildes originell sein wird, da alle ihrer
Arbeitsschritte korrekt waren und ebenso in ihrem Prozess,
innerhalb des Prozesses kontrolliert wurden, sowie aus
liebevollem Ursprung und gut wollender Liebe bestehen.

Ist mein Körper einer beliebigen Situation angepasst, wird er
das Ergebnis möglich machen, wenn er es will. Der Austausch
zwischen Hardware und Software findet einwandfrei statt.

Wenn ich also schon einmal körperliche Erfahrungen gemacht
habe mit diesem Baum (Aura/ Umgebung), dann kann ich
an Hand seines Verhaltens in seiner Umgebung,
auf mein Verhalten zu mir selbst schließen.
Eine neue Sichtweise eröffnet sich mir.

Habe ich keine Erfahrungen gemacht mit dieser Birke, dann
nehme ich nur wahr das sie existiert, aber erinnere mich nicht
genau an ihre Eigenschaften. Bis zu dem Zeitpunkt wo unsere
gemeinsame Evolution stattfindet, in dem Moment wo es
sein soll, werden wir uns miteinander auseinandersetzen.

Konkret zeigt mir die Blütezeit dieser Birke aktuell meine
Allergie auf, meinen blinden Fleck im Immunsystem.
Je genauer ich also meine Umgebung für wahr-nehme,
desto genauer bin ich mit mir selbst. Detailliert.
Hochschwingung und Hochsensibilität, die Zeit ist relativiert.
Was zeichnet meine Umgebung gerade aus?
Weshalb habe ich sie gewählt und wer bin ich in ihr?

Und noch weiter betrachtet, in welche Rolle begibt sich
meine Persönlichkeit in diesem Moment in meinem Umkreis?

Wie verhalte ich mich in dieser Konstellation, wie Gestikuliere
ich, welche Sprache verwende ich und
will ich so sein?

Ich erinnere mich an das Gleichnis des Taschentuches mit den
durchgesteckten Fingern.

**Ich bin authentisch!**

Ich darf es.
Ich bin es.
Ich lebe es.
Ich liebe es.
Ich weiß es.

Ich tue es!
Ich kann es!
Ich will es!
Ich werde es!

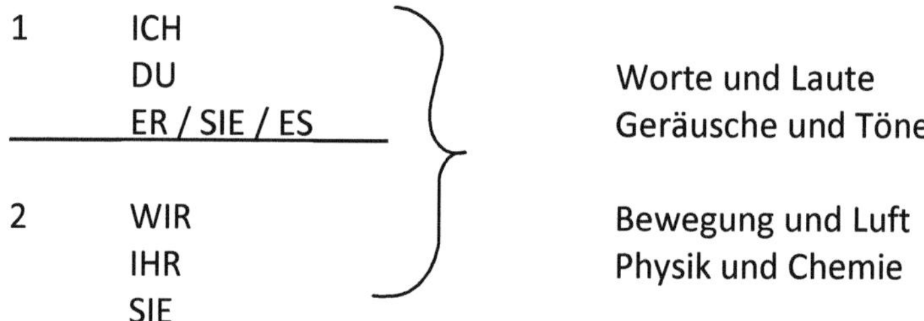


Ich und Du, sind jeweils der Spiegel meiner mentalen
Atmosphäre aus dem Körper als Gesamteinheit gesehen,
oder einzeln als Töne, Wörter, wenn wir genauer
ins Detail gehen und aktiv zuhören.
Meine Musik ist der Ausgleich und die Schwingung des
Gleichgewichtsorgans in meinem Fibonacci Ohr.
Ich bin du, wir können uns Beide durch er / sie / es,
jeder für sich erfahren.
Wir  können uns durch ein Ihr und dem Vergleich zu Sie
erfahren.

Mein menschlicher Körper hat eine schneller schwingende
atomare Zusammensetzung als Luft.
Dadurch das ich schwerer bin als Luft, kann ich mich mit ihr
vergleichen.
Mein Körpergefühl ist dann Resultat der verdichteten Masse
meiner Schwingung mit der Luft und in der Luft.
In meinem Körper ist Sauerstoff,
meine Lungen schleusen diese in unser Körpersystem.
Mein größtes Organ, die Haut hat ebenfalls einen
Regenerations- und Wachstumszyklus mit der Luft,
in Form von Talg und Hautschuppen.
In meiner Vorstellung wie eine Schlange die sich häutet,
Schicht für Schicht, bis sie innerhalb von 7 Jahren einmal
komplett ihre atomare Zusammensetzung der Haut mit der
Umgebung verstoffwechselt hat.

Jeder elektrische Impuls, jeder Herzschlag, jeder Atemzug
-> ist die Geschwindigkeit meines Körpers

Tag 7


Ich sehe den Körper als Instrument meines Geistes.
Die Atemtechnik nach Wim-Hof hilft mir die Tiefe meiner
Verbindung mit der Luft und meinem Körper ganz bewusst zu
spüren.

Ich zentriere mich und meine Konzentration verdichtet sich.
Wenn ich ganz genau hin höre,
dann gibt mein Herz den Takt an,
die Lungen die Länge und die Dynamik,
der Bauch und der Brustkorb halten den Raum.
Ich kann durch den Mund, oder durch die Nase atmen.
Jede Entscheidung birgt dahinter ebenfalls die Auswahl der
Oktave.
Das Zwergfell ist der Dirigent und die Stimmbänder der Solist.
Technisch betrachtet kommen noch die Tonhöhe,
ihre Intensität,
die Luft-Dynamik,
Geschwindigkeit und
die Mimik und Gestik dazu.

Ich kann allein durch das Hören fühlen,
wie es mir körperlich und mental geht,
ob ich lächele, sitze, stehe, oder mich dabei bewege.
Sogar ob ich mit meinen Gedanken woanders bin,
wenn ich mich verbinde und mich spiegele.

Blicke ich nun aus der objektiven Perspektive auf den Körper,
dann kann ich an Hand seines äußeren Erscheinungsbildes,
seinen inneren Zustand herleiten, sowie seine
Wechselwirkungen zwischen dem Geist und der Seele.
- Das magische Wirtschaftsvieleck,
Makro-Ökonomie und Mikro-Ökonomie.
(Berg und Diamant)

Betrachte ich meine Fußsohlen, dann zeigen sie mir durch
ihre Akkupressurpunkte wie es meinen Organen geht.
Bei meinen Händen ist es genauso.
Ebenfalls in meinem Gesicht, sowie in den Eigenschaften
meiner Haare. Einzelne in sich komplette Systeme in einem
größeren System.
Anders, zusammen und doch irgendwie gleich.
Es verlaufen verschiedene Meridiane durch meinen Körper
hindurch, die meinen Körper wiederum energetisch anders
miteinander verbinden.
Die Struktur meiner Haut (Relief) ist nur „Meins". Meine
einzigartige private Mischung, meine individuelle
Visitenkarte.
Jeder Mensch, sowie jede Pflanze und jedes Tier sind
unterschiedlich und einzigartig zusammen.
Die Natur ist ein Wunder.

ICH BIN EIN WUNDER

Ich bin das LEBEN!

Die Art wie ich denke,
resultiert aus den Emotionen die mich prägen,
diese wiederum aus den Erfahrungen die ich gemacht habe,
welche aus den Entscheidungen die ich treffe, resultieren.
Die Entscheidungen die ich treffe, resultieren aus der Art und
Weise wie ich denke. Ein in sich geschlossener Kreislauf.
Worte sind wie Taten.
Die Art meines Denkens und meines Handelns bestimmen die
Richtung meiner Zukunft.
Ich wähle Worte der Ehrlichkeit,
ich bin authentisch in jedem Augenblick.
Ich bin Offen und Kommuniziere um Resonanz und Ausgleich
zu spüren.

Die Sonne ist meine Seele, der Mond mein Gefühl.
Der Winter ist mein Verstand, der Sommer mein Geist,
der Frühling mein Körper und der Herbst meine Emotionen.
Die 4 Zyklen (Quanten) meines Sonnensystems sind die 4
Körper meiner Seele.
Alles was im Außen geschieht, geschieht in mir drin.
Ich bin alle Sterne, alle Sternzeichen und alle Körperteile.

Wenn ich meinen Körper längst und waagerecht strecke,
dann bin ich genauso lang wie breit und diagonal.
Ich bin das Quadrat, das Dreieck, das Quantenfeld,
das Koordinatenkreuz und der Kreis der alles umschließt.
Ich bin mein Mensch.
Wie oben so unten, wie im Himmel, so auch auf Erden.
$f(x) = F(-x)$

Im Winter bilde ich mein Mindset, ich reflektiere und denke.
Im Frühling komme ich langsam in Bewegung.
Im Sommer bin ich in Bewegung und in der Passion.
Im Herbst fühle ich.

Ich bin kein Mensch im Universum, ich bin das Universum,
welches sich selbst durch den menschlichen Körper
lebt, erlebt und erfährt.

Ich bin Jesus mit seinen 12 Jüngern und
ich bin die Astrologie mit ihren 12 Sternzeichen.
Die Engelszahl 13 in ihrem Aufstieg.
Ich bin die Mythologie und ihre Wissenschaft.

Mein Körper ist mein Tempel,
der Raum indem ich verweilen und verarbeiten kann,
der Ort an dem meine Essenz wohnt.
Der Flacon meiner Seele,
mit dem Duft meiner Aura.

Ich bin der Duft, den ich als Blume versprühe
und die Biene die die Blüte befruchtet.

Ich bin der Farmer der das neue Land sät.

Ich bin die Frucht und der Stamm mit seinen 33 Wirbeln.

Ich bin der Schöpfer und der Magnet.
Ich bin mein Vibe (1),
in meinem Vibe (2)
und das Vibrieren (3).

Ich bin jede Matrix,
jedes Wachstum und
jeder Kreislauf.

Ich bin das Gesetz und die Moral,
die Strafe und die Belohnung.
Ich bin die Ehre und der Wert,

mein Selbstwert und meiner Selbst-Wert.

Ich bin eine Person, habe meine Persönlichkeit und
verschiedene Persönlichkeitsanteile.

Ich bin meine Mutter, mein Vater und meine Geschwister.
Ich bin mein Kind und die Nachbarn.
Ich bin meine Freunde und meine Feinde.

ICH bin das all- ES.
Die Person, die fühlt, die denkt, die schreibt und liest.
Und ich bin voller Liebe und Dankbarkeit das DU es getan
hast.

Sogar stolz, ja, ich bin verdammt stolz
auf mich und dich
und auf uns, wir sind echt dufte!


Wir sind Gottes Werk und göttlich.
Wir sind vollkommen, so wie er uns erschaffen hat.

Tag 8

Heute bin ich „nur" im „Sein"-Zustand.

Heute denke ich nicht, heute tue ich nur, ohne zu überlegen.
Heute gehe ich dorthin wohin es mich führt,
ich rieche was mir begegnet,
ich spreche, ohne mich vorher zu hören und Ich höre genau
hin, was aus mir spricht.

Ich beobachte was um mich herum geschieht,
ohne es zu bewerten.

Ich BIN einfach nur ICH, für einen Tag ganz unendlich,
nur sein im hier und jetzt.

Coriolis Effekt + 3. Auge 

8

So wie im Innen, so im Außen.
Ich drehe mich um mich selbst
Und lasse einfach nur alles um sich selbst drehen.
Es entsteht ein 3 dimensionales Bild.
Ich sehe im Außen nur das was ich auch in mir trage.
Was trage ich in mir?

Ich schaue gespannt zu, was Gott erschaffen hat.

Tag 9


Ich höre in meinen Körper und vergleiche mich
mit meinem Selbst von gestern.
Mein Ziel: Jeden Tag ein bisschen besser sein
als mein Gestern.
Wachstum stattfinden lassen.

Ich bin die Orientierung,
orientiere mich an der Liebe
und Schwinge in ihrer Frequenz.

Heute lebe ich, jetzt lebe ich, gerade lebe ich.
Ich bin die Zeit und das Leben.
Ich lebe in der Zeit und gebe der Zeit das Leben.
Ich gehe, komme an, dehne mich aus, tausche mich aus und
gehe wieder.
Ich bin mein Weg und mein Ziel.

Heute schaue ich mir aktiv den Austausch von meinem
Mindset und meinem Körper an.
Ich schaue genau hin, wie sich mein Körper bewegt.
Ich schmecke ganz genau was mich nährt.
Ich beobachte detailliert was ich riechen kann und was nicht.

Ich fühle in den Raum, welcher Mensch ist mein Lebensraum.
Wo genau bin ich?

Ich bin Theorie und Praxis, der Gedanke und die Umsetzung.

Tag 10

Ich stelle mir vor, der Mensch kommt auf die Erde
und ist ein leeres Blatt, besser gesagt ein leeres Buch mit
vielen leeren Seiten.

Die Eigenschaften der Blätter und des Buches haben ihre
eigene Struktur, Stärke, Anzahl der Seiten und Kapitel.
Jede Erfahrung die ich mache, zeigt sich im Buch meines
Lebens, meiner Akasha Chronik.

In allen Farben und Formen.

Das Buch an sich ist meine Genetik, die Geschenke die ich
durch meine Ahnen mitbekommen habe, als Fundament,
Grundgerüst und Leinwand.
Die Farben die diese Chronik füllen, sind meine Erfahrungen
in all ihrer Pigmentkraft (Elemente) und ihrer leuchtenden
Reinheit, meine Epigenetik.

Ich bin meines Glückes Schmied
und der Künstler meines Gemäldes.

Ich bin alle großen Quantenphysiker und alle Quacksalber.
Ich bin der Ernst und der Clown.
Ich bin Realität und Traum.
Ich bin Wasser und Schaum.
Ich bin Apfel und Baum.

Ich bin W-Lan, Sender und Empfänger.
Ich bin wach und ich schlafe.

Ich bin jede Zahl und ihre Bedeutung.
Ich bin Form und Syntax.
Ich bin das Wort und die Interpretation.

Ich bin die ganze Woche und jeder einzelne Tag.
Ich bin jedes Meer und jedes Land.
Ich bin jeder Ozean und jeder Kontinent.
Ich bin jeder Gedanke, jeder Wille, jeder Glaubenssatz und
jede Vision.
Ich bin jeder Sonnenstrahl, jede Wolke, jeder Wind und jeder
Blitz.
Ich bin Alchemist, Budhist, Jude, Islamist, Christ, Hinduist,
Ayyavazhi, Bahari,Paganist, Janism, Taoismus, Sikhist (TCM).

Ich bin der Glaube, das Symbol und die All-umfassende Liebe!

Ich bin der Beobachter, der Praktiker, der Schreiber und der
Leser.

Ich bin der Prophet und die Stille.




Ich bin DANKBAR für dich und mich.

Ich bin Geist und Manifestation.


Ich bin jedes Atom (-ium) in seiner Herkunft, Eigenschaft,
Oberflächenspannung und Bewegung.


Ich bin das Gesetz der Brechung (Snell´s law)
$n_1 \sin \theta_1 = n_2 \sin \theta_2$


und das Gesetz der Reibung (Friction welding)
$F = \mu R$

Ich bin dankbar jede meiner Sinne
und für jedes Gefühl in meinem Körper.

<u>Ich bin jede Zuordnung, jedes Chakra und jedes Pigment</u>

| | | |
|---|---|---|
| Ich verbinde Liebe | (Kronenchakra) | Magenta |
| Ich sehe Liebe | (Stirnchakra) | Marine/Violett |
| Ich spreche Liebe | (Halschakra) | Blau |
| Ich bin Liebe | (Herzchakra) | Grün |
| Ich erschaffe Liebe | (Nabelchakra) | Gelb |
| Ich fühle Liebe | (Sakralchakra) | Orange |
| Ich bin Liebe | (Wurzelchakra) | Rot |

Ich liebe mich für jede meiner Persönlichkeiten, Experimente, Erfahrungen und Gaben.

Ich küsse meine Hände und Füße.
Ich küsse mein Herz.

Ich bin reine Liebe, voller reinen Liebe, aus Liebe und lebe in voller Liebe.

Ich bin Dankbar für die Liebe.
Ich bin dankbar für jeden Moment meines Lebens.

Der Prozess dieses Lebens ist vollendet.
„Ich" bin gestorben und
der heilige Geist des ewigen Friedens hat mich empfangen.

Tag 15

Heute ist der 5. Tag nach meinem Tod. Zeit ist fließend.
Evolution hat stattgefunden, ich bin am 3. Tag auferstanden.
Wie Jesus nach der Abnahme von seinem Kreuz,
als Blut und Wasser aus ihm hinaus geflossen sind.
Ich habe den Schmerz gefühlt.
Die Seele hat den ganzen Raum erfüllt.
Es fühlte sich an wie eine unfassbar endlos warme
Geborgenheit. Frieden ist eingekehrt.
Mein Körper hat sich von Sünde gereinigt,
indem er Blut gelassen hat,
alles was nicht mehr zu ihm gehört hat,
hat den Körper verlassen.
Alles was seinen Sinn erfüllt hat ist ins Licht gegangen.
Die Quelle des eigenen Wassers,
des heiligen Wassers von Mutter Natur, erweckt neues Leben.
Durch die Elemente aufbereitetes Wasser, fließt der Strom
der Seele durch den ganzen Körper in einem neuen Zyklus.
Meine Epigenetik ist gereinigt.
Ich bin meine Essenz, auf göttliche Weise ausgedrückt.
Mit meiner Erlaubnis, mit Gottes Erlaubnis und der Erlaubnis
der Elemente dieser Erde.

Ich bin dankbar für Vater, Sohn,
heiliger Geist und lebendiges Blut.
Ich bin dankbar für Mutter, Tochter und
heilige Quelle der Seele.

Ich bin dankbar für meine Geschwister und die Liebe die wir
in uns tragen.

Am 13. Tag nach Allerheiligen fand meine Auferstehung statt.
Am 3. nach meinem Tod erlebte meine Seele eine
Wiedergeburt.
Ich habe ein schamanisches Ritual durchgeführt,
durchführen lassen und erlebt.
Der Mond stand zu diesem Zeitpunkt am höchsten Punkt der
Konjunktion (Wirtschaftszyklus).
Es war Mittwoch der 13. November 2024 und für mich der
Tag, an dem sich Religion und Schamanismus gegenseitig
gesegnet und in freundschaftlicher Nächstenliebe zum
Wachsen geholfen haben. Mein Körper wurde an einem
Mittwoch geboren und ist nun an einem Mittwoch
wiedergeboren.
Wir haben uns mit Speisen aller Welt bedient, mit Gewürzen
aller Kontinente, wir haben uns das Brot gereicht und das
lebendige Wasser wurde zu Wein.
Den religiösen Feiertags-Wein haben wir mit dem Geschmack
der Nahrung aller Weltreligionen verbunden.

Ich habe meine Berufung gefunden, nunja...
Oder ich bin auf den Boden der Tatsachen gefallen…
Oder wurde vom Blitz getroffen…
Außer-wählt…Ver-rückt
Was auch immer, es hat mich heftig gerüttelt.

Ich habe mir die Pastörin meines Vertrauens auserwählt mir
den Segen zu geben, sein zu dürfen wer ich bin, wer ich war
und Ich-Selbst sein zu dürfen.
Mit Gottes Segen segnete Sie das Feuer und mich.
Sie schnitt mir die Haare und ich verbrannte sie im Feuer,
mit Minze und weißem Salbei, aus dem Garten meiner Eltern.
Ich bedankte mich für die Gaben die ich von meinen Ahnen
bekommen habe.
Traurigkeit wurde abgeschnitten.

Freude begann zu fließen, meine Seele begann zu leuchten.
Die schönste Rose hat im heiligen Feuer Segen empfangen.
Entzündet wurde meine Bestimmung,
meine Berufung gefunden,
All-e Geschenke meiner Ahnen geliebt,
Reichtum und Segen empfangen.

Ich habe die Bücher der Engel gelesen,
viele Bücher der verschiedenen Religionen.
Ich habe mich ausgeräuchert und gereinigt,
mich in Kleopatras Gold-Rausch-Bad gebadet,
mich gesalbt mit den reinsten Ölen und
meinen Kopf aufgeräumt.

Die Frequenz im Raum ist die, des letzten Abendmahls,
dem Halal-Opfer Lamms, des Pesha Festes,
des Schamanismus Rituals,
des Daoismus und des Körpers.

Meine Taufe
Meine Hochzeit von Körper, Geist und Seele
Meine Auferstehung der (Selbst)Liebe

Ich habe mich meinen Dämonen, Djinns,
Blockaden und Ängsten gestellt,
ihnen direkt ins Gesicht gesehen und sie mit dem
wahrhaftigen Leuchten meiner Seele verjagt und
ausgetrieben.
Ich bin wie beim russischen Roulette, aufs Ganze gegangen
und wurde gesegnet.
Ich habe die Gaben und Geschenke  meiner Ahnen
empfangen.
Ich habe der christlichen Pastörin meines Vertrauens meine
„Akascha-Chronik" anvertraut.

Am 14. Tag haben meine Pastörin und ich unsere spirituellen
Erkenntnisse nach dem schamanischen-Ritual ausgetauscht.
Wir konnten veränderte Bewegungen im Alltag feststellen.

Vor dem Schlafen gehen hat mich ein unfassbar warmes und
geborgenes Gefühl durchdrungen.
Ich habe meinem Körper die Ruhe gegeben,
die er für sich selbst endschieden hat zu benötigen.

Zeit ist relativ.

Ich habe in meiner Brust für mich entschieden Frieden zu
finden.
Ich vergebe mir und ich vergebe dir.


Ich bin dankbar.

Ich danke meinen Ahnen für jedes Werkzeug was sie mir an
die Hand gegeben haben.
Ich danke ihnen für jedes Erlebnis an Erfahrungen was mich
als goldenes Geschenk bereichert.
Ich bin voller Liebe und dankbar für dieses Gefühl.

15. November 2024


Heute lebe ich die Dankbarkeit meiner Gaben aus.

Jeder meiner Facetten zeige ich
selbst – Bewusst und voller Freude.
Ich gebe meinem Körper die Ruhe die er sich wünscht,
ich nähre ihn mit Speisen nachdem er sich verzehrt,
ich bereichere ihn mit Quellwasser,
bewege meine Muskeln, wärme ihn und gebe ihm
Geborgenheit.
Ich bin im Fluss.
Ich drücke mich durch Musik, Kunst und Handwerk aus.
Ich tanze, singe und löse meine körperlichen Verhärtungen,
mache Frühjahrsputz von Innen.
Ich putze auch meinen Wohnraum,
Lüfte ihn und wasche meine weiße Wäsche.
Mein Herz und mein Ego sind Teamplayer geworden.
Meine Intuition hat die tickende Uhr ausgeschaltet
und die Führung übernommen.
Ich bin im Frieden.
Ich bin angekommen.
Ich bin mir selber respektvoll und loyal gegenüber
und begegne mir selbst voller Liebe.

Ich habe geerntet was ich gesät habe.
Ich habe alles geordnet was verrückt war.
Ich habe alles vorbereitet und erlebe es jetzt.
Ich bin Aufgewacht.


Meine eigene Auferstehung in meinem Glauben der Liebe.

Tag 16

Ich erlebe mich jeden Tag neu.
Ich bin ein kleines Kind, was die Welt ganz neu erblickt.

Meine Sinne erleben meinen eigenen Duft ganz neu.
Ich mache das Erlebnis mich selbst intensiv riechen zu
können.
Zuerst die Kopf-Note durch die Nase,
dann ganz warm am Hals und am Brustbein
und ganz wohlig am Bauch.
Das Gefühl geht durch den ganzen Körper.
Ich erlebe mich.
Ich bewege meinen Körper, ich tanze, lache und singe.
Ich habe ein Date mit mir selbst.
Ich habe mich eingeladen, mich unterhalten,
mich ausgetauscht, mich lebendig gefühlt und
authentische Musik
aus meinem wahrhaftigen Herzen gemacht.

Ich habe begonnen mein inneres Selbst zu fühlen.

Tag 17

Ich fühle mich.
In bin die reine Quelle allen Ursprungs.

Ich habe mich selbst aus meinem Bauch und meinem Herzen
gespürt.
Ein ganz neues Eigen-Gefühl ist aus mir, durch mich hindurch
und in mich hinein gewachsen.

MEIN HERZ ist lebendig geworden.
Es ist aufgewacht und sieht sein Selbst.
Ich bin lebendig im hier und jetzt.

Ich bin die Zeit die ganz langsam vergeht.
Jedes Sandkorn in der Sanduhr welches langsam fällt.
In Zeitlupe auf dem Grund seinen Platz einnimmt
und ein stabiles Fundament bildet.

Ein Bienenstock der sich langsam bildet und wächst,
indem die fleißige Bienenkönigin ihren rechtmäßigen Platz
einnimmt.

Ich bin die fleißige Biene, der Bienenstock,
jede einzelne Wabe, jedes Korn, jeder Blütensamen,
jede Blume, jeder Pflanzenstamm.
Jeder Honig und die Ernte der Königin.
Ich ernte was ich sähe (Bibel)

Meine Seele kommt langsam an.
Ich bin mutig meine Gedanken laut auszusprechen.
Ich begegne den Menschen gefühlt zum ersten Mal,
obwohl mein Verstand „denkt" Sie zu kennen.

Ich betrete eine neue Ebene, die ohne Zeit.
Zeit ist nur ein Wort und es zerfließt in meinen Gedanken.
Ich nehme mir selbst einen Moment und gebe ihn Anderen.
Ich teile ein Stück meines Lebens.
Ich teile mich mit mir und meinem Gegenüber.
Ich bin Ich und gleichzeitig du.

Dieses Buch ist ein Lied, das Blatt das Instrument,
der Stift der Komponist und die Noten
jeder einzelne Buchstabe dieser Komposition.
Mein Lied des Lebens, mit dem französischen Beat des
Herzens und dem Vertrauen im Wurzelchakra,
in meinen Hüften.
Alle Chakren sind miteinander vereint.

Es gibt keine Grenzen.

Mein Körper ist das Instrument,
die Musik die Melodie meines Herzen.
Je suis la musique.
Ich bin jedes Klichee der Liebe,
die Eleganz in der SIE sich kleidet und
die Leidenschaft ihrer Küche.
Die Würze und das einzigartige Geschmackserlebnis.

„Liebe geht durch den Magen" (Freiherr von Reznicek)
Ich bin die Gesundheit, der Heiler und der Glaube.
Ich bin der Spirit, das Wissen und die Weisheit.
Ich bin der Kosmos, das All,
jeder Planet und jede biologische Zelle.
Ich bin die Natur und aus meiner Natur.
Ich bin Tod und Auferstehung.

Jeder Moment ist ein Wunder.


Ich bin einfach nur….
                    ich…
                        und voller Wunder..


Ich bin ein WUNDER.


ICH BIN das WUNDER.

Ich bin transparent, ich bin die fließende Quelle
und ich bin die Reinheit.
Aus mir sprudelt die reine transparente Liebe.
Ich bin die Liebe und ich bin voller Liebe,
ich teile meine Seele in liebevoller Transparenz und Reinheit.

Ich bin die Musik des Wachstums.
Ich bin das Gedicht meiner Stimme.
Das Goldkehlchen.
Ich bin Gold, ich bin aus Gold und ich mache Gold.
Ich bin der Glanz der Natur.

Ich bin 7 Brücken,
7 Sprachen der Liebe, 7 Kontinente.
Sehen WIR die Entwicklungszyklen in Jahren,
dann bin ich die 7 in den biomechanischen Jahreszyklen.
Ich bin die 7 Jahre mit ihren jeweiligen 12 Monaten,
Ich bin jede Woche mit ihren 7 Tagen und
ihren 3x7 + 3 (Körper, Geist, Seele) Stunden, jeden Tages.

Ich begegne mir selbst.
Ich bin authentisch, voller ehrlicher Liebe.
Ich bin liebevoll.
Ich bin jede Lösung, ich bin jede Auseinandersetzung,
ich bin jede Spiegelung, und jede Begegnung.
Ich bin die Herausforderung und die Erlösung.
Der Tod und die Geburt.

Ich bin das Wunder des Neuanfangs, die Ovulation.
Die Einnistung der Eizelle in der Natur- Gebärmutter.
Wunder geschehen und ich bin eins davon.


Ich bin das Wunder und ich erschaffe Wunder…
                    und nebenbei bin ich Wunder-voll.


Ich bin die Magie des Herzens.


Und nebenbei einfach nur…
                    ich selbst…
                              La reina.


„Weil ich es **KANN**"
(Angelehnt an Immanuel Kant)

„Mówisz i masz" (Łukasz Zagrobelny)

Ich bin ich und meine Geschichte. Ich bin nur eine Geschichte.
Ich bin die Geschichte und ich wurde für einen Moment
die Geschichte die du gerade liest und gelesen hast.

Ich bin Kerstin (K) Ingrid (I) Magdalena (M)
und ihre Geschichte mit Amor.

Marion Black und ich setzen uns jetzt zusammen und singen
gemeinsam sein Lied:
„Who knows" - what tomorow will grow...
und vertrauen auf Gott und seine Liebe.

Danke das du mir mit deinen Augen,
deinem Verstand und deinem Geist zugehört hast.